新媒体·新传播·新运营 系列丛书

和秋叶一起学

新媒体营销概论

赵云栋 何璐◎主编

丁心 彭毅◎副主编

第3版—慕课版

人民邮电出版社

北京

图书在版编目（CIP）数据

新媒体营销概论：慕课版 / 赵云栋，何璐主编. --
3版. -- 北京：人民邮电出版社，2024.1
（新媒体·新传播·新运营系列丛书）
ISBN 978-7-115-62896-1

Ⅰ. ①新… Ⅱ. ①赵… ②何… Ⅲ. ①网络营销—概
论 Ⅳ. ①F713.36

中国国家版本馆CIP数据核字(2023)第192171号

内 容 提 要

随着互联网技术的飞速发展，新媒体成为当代社会不可或缺的一部分。新媒体一般包括短视频、直播、搜索引擎、移动客户端、小程序、社群、电商平台等。虽然新旧媒体不断更替，新的媒体平台和形式层出不穷，但万变不离其宗，不论新媒体如何变迁，很多规律是相同的，这也是本书的立意所在。本书旨在在新平台的基础上，讲清楚新媒体营销的基本知识。

本书系统阐述了新媒体营销的多个核心问题，共八章，从新媒体与新媒体营销、新媒体的类型、新媒体广告投放载体、新媒体营销策略，讲到短视频营销与运营、直播营销与运营，再到新媒体营销案例分析、新媒体岗位及能力需求。通过本书，读者可以更全面地掌握新媒体的基本知识，以应用到以后的工作实践中。

本书适合从事企业营销和新媒体传播实践工作的人员使用，也可作为高等院校市场营销类、电子商务类专业新媒体营销课程的教学用书。

◆ 主　　编　赵云栋　何　璐
　副 主 编　丁　心　彭　毅
　责任编辑　连震月
　责任印制　王　郁　彭志环
◆ 人民邮电出版社出版发行　　北京市丰台区成寿寺路 11 号
　邮编　100164　　电子邮件　315@ptpress.com.cn
　网址　https://www.ptpress.com.cn
　固安县铭成印刷有限公司印刷
◆ 开本：787×1092　1/16
　印张：12.5　　　　　　　　2024 年 1 月第 3 版
　字数：250 千字　　　　　　2025 年 3 月河北第 3 次印刷

定价：49.80 元

读者服务热线：**(010)81055256**　印装质量热线：**(010)81055316**
反盗版热线：**(010)81055315**

编写背景

党的二十大报告指出，加快发展数字经济，促进数字经济与实体经济深度融合，打造具有国际竞争力的数字产业集群。利用新媒体来宣传观点、推广品牌、销售产品已经成为"互联网+"时代政府机构和企业的必备能力。

当新媒体从传统的静态网站信息进化到带有社交传播属性、大数据智能推荐等特征时，新媒体的内涵和形式也在快速变化。很多过去被人们视为传统媒体的载体，在移动互联网技术的更新下，成为热门的新媒体；一些曾被看作新媒体的媒体，似乎不再是主流。新媒体的发展太快了，致使很多教师感觉新媒体相关教材才出版就跟不上时代的发展；新媒体运营的知识点太多了，致使很多高校教师总感觉使用的教材不能很好地概括相关知识。企业对新媒体人才的需求越来越大，高校迫切需要一套比较系统、实践性很强的新媒体专业学习丛书。

编写特色

1. 知识点全

本书可以看作新媒体营销的基础入门书，书中讲解了大量新媒体的基础知识，包括新媒体与新媒体营销、新媒体的类型、新媒体广告投放载体、新媒体营销策略等。本书知识点全面，可以帮助读者系统、全面地了解新媒体营销。

2. 案例丰富

本书不仅有全面的知识点，还有丰富的案例。书中列举了不同行业、不同品牌、不同平台、不同账号的新媒体营销案例，并通过案例分析，帮助读者更好地理解知识点，实操性较强。

3. 配套资源丰富

本书配有慕课视频，读者用手机扫描封面二维码即可观看。另外，本书还提供配套 PPT、大纲、教案、试卷等立体化的学习资源。

教学建议

本书适合作为高等院校新媒体营销课程的教材。如果选用本书作为教学用书，建议学时为 32 ～ 48 学时。建议课堂教学依据本书多进行实战训练，以提高学生的实战动手能力。

编者情况

本书由云南旅游职业学院的赵云栋、何璐担任主编，由山东劳动职业技术学院的丁心和云南国土资源职业学院的彭毅担任副主编。在编写本书过程中，编者参考了业内学者、从业者的研究成果和经验，还得到了拥有丰富实践经验的秋叶团队的指导，编者在此对所有为本书编写提供过帮助的人表达衷心的感谢。由于行业的发展以及平台的迭代较快，本书内容难免有疏漏和不足之处，欢迎各位读者批评指正。

编者

2023 年 11 月

1.1 新媒体的概念和特点

了解新媒体营销之前，需要了解新媒体的概念与特点。

1.1.1 新媒体的概念

新媒体是一个相对的概念，这里的"新"是相对于传统媒体的"旧"而言的。从时间轴来看，现在的旧（传统）媒体退回到若干年前也是新媒体，现在的新媒体在若干年后也将成为旧（传统）媒体。

1. 新媒体

"新媒体"（New Media）的概念是 1967 年由美国哥伦比亚广播公司（Columbia Broadcasting System，CBS）技术研究所所长戈德马克（Goldmark）率先提出的。

在新媒体出现以前，信息主要通过报纸、电视、期刊、广播等传统媒体进行传递，而随着无线通信技术及网络技术的出现和发展，传统媒体的形态发生了变化，出现了如数字电视、短视频、直播等新的媒体形态。

从广义层面而言，新媒体不仅指新的媒体形态，也包括一切利用新的技术手段传播信息的载体，如用户熟悉的微信公众号、微博、抖音、小红书、哔哩哔哩（B 站）等。

所以，严格地说，新媒体是指数字化时代到来后出现的各种媒体形态。例如，电视属于传统媒体，但经过数字化改造的数字电视，又可以被看作新媒体。还有，传统报纸转型为手机新闻客户端后，也成为新媒体。

总之，新媒体是建立在数字技术和网络技术等信息技术基础之上的。如果传统媒体开始利用信息技术改造自身运营模式，那么这些传统媒体也可以变成新媒体。

所以本书不过度纠结概念、特征、类型等学术辨析，而是从务实的角度出发，针对主流新媒体，提供营销方面的实战技能。

2. 不同阶段的主流新媒体平台

随着新媒体的发展及科技的不断进步，用户的需求也发生着巨大的转变，为了迎合用户的需求，很多不同类型的新媒体平台也因此诞生。在新媒体发展的不同阶段，不同的主流新媒体平台应运而生，如表 1-1 所示。

表 1-1　不同阶段的主流新媒体平台

阶段	代表性媒体平台	发展特点
第一阶段：门户网站时代	搜狐、新浪、网易、腾讯等门户网站	1. 用户从通过电视、报纸等传统媒体获取信息，转变为在门户网站等新媒体平台获取信息 2. 用户的主动性不强，仍以被动地获取信息为主，且内容创作者本质上也是传统媒体的专业记者和编辑

续表

阶段	代表性媒体平台	发展特点
第二阶段：搜索时代	以百度、谷歌等为主的搜索引擎	1. 用户需求发生转变，从被动接收信息到主动搜索信息 2. 信息库变丰富，用户可获取的信息量增加。与此同时，网页营销信息也逐渐变多
第三阶段：分享时代	百家号、今日头条、大鱼号等自媒体平台	1. 人人都可以做自媒体，用户和创作者的界限逐渐模糊，部分用户可以通过内容创作获得平台收益 2. 分享时代的到来，让新媒体平台的信息更加多元化，用户体验明显提升
第四阶段：社交时代	微博、抖音、小红书等	1. 信息的交互更频繁，算法带来的个性化内容推荐使用户对新媒体平台的依赖逐渐加深，平台越来越懂用户 2. 社交让用户间产生更多信任，"社交电商"一词应运而生。很多新媒体平台逐渐有了电商性质，短视频"带货"和直播"带货"逐渐风靡

1.1.2　新媒体的特点

在新媒体迅速发展的当下，企业向用户传递信息的成本、效率及方式都发生了较大改变。相对于传统媒体而言，新媒体有以下主要特点。

1. 多媒体传播，形式更丰富

如今的新媒体平台，大多已经不是单一的图文平台、短视频平台、社交平台、直播平台或电商平台等，而是多种形式并存。以抖音为例，抖音原本是短视频平台，但如今发力图文，而且不仅重视直播，也重视长视频，已经变成集多种形式于一体的多媒体平台。

以往的图文平台，如微信公众号、知乎、今日头条等，如今也具备了短视频、电商等功能。各个新媒体平台的传播形式越来越丰富。

2. 即时反馈，互动性更强

传统媒体，如电视、广播、报纸等，一定意义上来说，是媒体在单向输出，受众被动接收信息，基本上没有选择权，更谈不上互动。

新媒体平台具有很强的互动性。新媒体平台上的用户可以通过点赞、评论、转发等方式，与内容发布者进行互动，并给予反馈，内容生产者也可以根据反馈及时了解用户的喜好，调整内容，这是一种双向的、良性的互动，能够使信息的传递效果最大化。

3. 算法推荐，个性化内容

在传统媒体的传播关系里，媒体面向大众统一传递信息，用户被动接收信息，用户和媒体之间存在着双向不确定性，即媒体发送的内容不一定受大众喜欢，大众喜欢的内容媒体也不一定推送或生产。大众被认为是一个属性相同的群体，个性不复存在，很多时候，大众不得不靠不断地"换台"来挑选喜欢的内容。

而在互联网和传媒技术日益发达的今天，多样的新媒体软件将用户的喜好、习惯充分挖掘，依靠一定的算法机制，用户的喜好和个性化需求被最大限度地满足。如今，算法分发已经是新媒体平台的标配，各个新媒体平台根据自己的算法机制为用户进行内容推荐，从而迎合用户、投其所好，最大限度地留住用户。

以抖音为例，用户一打开抖音，便进入了播放界面，接着依靠滑动屏幕来更换视频，而用户"刷"到的视频又多是系统根据用户喜好而为其推荐的，这种懒人式交互方式，大大地提升了用户黏性，也营造了一种沉浸式体验，使得很多用户沉浸其中。

算法时代，用户浏览到的广告，多是用户本就有意向或者感兴趣的内容。这种营销模式下，用户下单购买的概率会更大，广告投放的精准度也更高。

4．多元内容，碎片化传播

由于在新媒体平台发布内容的门槛很低，普通用户也逐渐成为内容创作者，因此新媒体平台上的内容更加多元化，内容与领域不断细分，每一个领域都有精准的感兴趣的受众。

与此同时，由于新媒体具有即时性、互动性、个性化和多元化的特点，信息的传播越来越碎片化[1]成为一种显著的现象。尤其是在短视频的冲击下，用户更喜欢短内容，更喜欢冲击性强、有反转、有矛盾的视频，如果内容在开头几秒无法吸引用户，用户会直接滑走。

碎片化的信息传播也对新媒体营销提出了更高的要求，使企业和品牌必须更加注重营销的互动性和趣味性。

1.2　优质新媒体的四大特征

企业运用新媒体进行营销，关心的问题包括以下几个方面。

● 不同媒体覆盖的人群有何不同？

● 哪种媒体的传播效果更好？

● 哪种媒体更适合企业的产品传播？

● 哪种媒体的营销性价比最高？

其实，企业无非是想选择一些相对优质的新媒体作为营销平台，以达到较好的营销效果。经过对各项因素的综合对比，优质新媒体大多具有以下四大特征。

1.2.1　鲜明的用户画像

用户画像是指一个媒体、一个平台或一个账号的用户群体特征，也称用户角色，一般包括用户年龄、所在城市、生活习惯、消费偏好等多个属性。

1　碎片化：描述当前社会传播语境的一种形象性的说法。所谓"碎片化"，英文为 Fragmentation，原意为完整的东西破成诸多零块。

表 1-2 所示为千瓜数据显示的小红书 App 的用户画像。

表 1-2　小红书 App 的用户画像

属性	特点
所在城市	用户主要集中在北上广等一线城市，城市女性白领是小红书的主要用户群体
用户年龄	18～24 岁用户占比较高，18～35 岁的用户占比超过 80%
用户性别	女性用户占比超过 90%。在"女性经济"的驱动下，小红书成为很多美妆品牌、服饰品牌和时尚品牌的营销首选
消费偏好	用户关注的热点问题占比从大到小依次为彩妆、护肤、穿搭、饮食、摄影、健身等；用户具有较强的消费能力，并有相应的消费需求，追求高品质的生活

优质的新媒体，大多有着鲜明的用户画像，用户群体呈现出某种明显的特征，是具体的而不是模糊的。而用户画像与媒体的风格特色紧密相连，平台想精准吸引用户，就要在内容、风格上做对应布局。

对于企业来说，选择新媒体进行营销投放时，首先就要考虑备选媒体的用户画像，了解其用户特点。只有知道用户画像是否与产品潜在用户一致，才知道在哪一种新媒体上投放广告更有针对性，从而实现精准营销。

例如，汽车类企业的营销广告，投放在用户画像为男性群体的媒体上更有效果，如 B 站，或者懂车帝这类专业汽车类 App；而美妆类品牌的营销广告，投放在年轻女性用户群体较多的小红书或微博，更能找到目标人群。

需要说明的是，在查询一个媒体的用户画像时，不能仅凭直觉来判断，要靠专业的数据来佐证。各个新媒体平台每年都会发布官方用户数据和报告，这些报告中会有较为详细的用户画像。而在某些数据平台（如新榜、千瓜数据、蝉妈妈）也可以查到某些新媒体平台的详细用户画像。

1.2.2　稳定的用户群体

新媒体近十年发展迅猛，其中新旧媒体平台层出不穷，有些新媒体平台来势凶猛但昙花一现，两三年便销声匿迹，有些新媒体平台存在多年仍不温不火，但有些新媒体平台一直受欢迎。

其实，判断一个新媒体平台流量够不够大、有没有好的品牌扩散效果，只需要看平台近 1～3 年有没有较为稳定的用户群体、较为明显的用户上升趋势。其中，日活量和月活量是两个有参考价值的数据。

日活量即 DAU（Daily Active User），指日活跃用户数量，是每天使用某平台一定时长的用户数量。同样地，月活量是指在一个月内使用某平台超过一定时长的用户数量。相对于月活量，日活量的数据更有说服力。日活量越高，说明活跃用户越多，品牌曝光的可能性越大。

表 1-3 所示为一些热门新媒体平台 2022 年的活跃用户数据。注意，日活量和月活量是不断变化的，有浮动，这里取最高数据。

表 1-3　新媒体平台 2022 年的活跃用户数据

平台	日活量	月活量
抖音	7 亿	8.88 亿
快手	3.6 亿	6.26 亿
小红书	—	2.6 亿
B 站	9 280 万	3.06 亿
视频号（微信）	4 亿	8 亿
微博	2.52 亿	5.86 亿
知乎	—	1.059 亿
爱奇艺	8 700 万	5.6 亿
百度	2.95 亿	6.48 亿
淘宝	1.24 亿	8.7 亿

注：本书所出现的"视频号"均指"微信视频号"，后不再区分。

综上，日活量和月活量较高，且在一定时间段内较为稳定的媒体平台，是企业营销的首选。

1.2.3　成熟的变现模式

一个优质的新媒体需要有较为成熟的变现模式，这主要指两方面：一方面是平台本身能够逐渐实现盈利，实现流量和收益的良性循环；另一方面是用户或创作者能够借助平台获得收益，不论是广告收入、"带货"收入，还是其他。

而要实现后者，平台不仅需要有较为完善的电商体系，能够实现商品的线上交易，还需要有较为完善的成交机制，能促进和约束流量主和广告主之间完成交易。

例如，抖音的巨量星图平台就专门服务于广告交易，为品牌方、多频道网络（Multi-Channel Network，MCN）以及创作者提供交易连接，如图 1-1 所示。

图 1-1　抖音的巨量星图平台

当一个短视频账号拥有一定的优质短视频内容和粉丝数量时，就可以入驻巨量星图成为"达人"，选择广告主进行合作；而企业或营销方也可以在巨量星图上选择"达人"进行营销推广。

如何判断一个平台的变现模式是否成熟呢？

第一，看这个平台有没有专用于广告主和流量主对接的中间服务系统，如抖音的巨量星图、快手的快接单、视频号的广告助手等，即广告主和流量主是否都有多样化的选择，能否直接、流畅地完成交易。第二，看平台本身是否有电商系统，用户能否在平台上流畅地完成诸多交易而不需要跳转第三方平台，如抖音的抖音小店、视频号的店铺、微博的小店等。

1.2.4　严格的平台监管

平台越大，用户越多，流量越高，就越需要建立严格的监管机制。

一个优质新媒体的平台监管要点包括以下几个方面。

① 有严格的内容规范、审核机制、违规判定机制，有详细的平台规则，能约束用户在规则范围内保持创作积极性。

② 内容整体积极向上，整个平台生态是健康和谐的，用户的浏览体验是良好的。

③ 用户发现违规内容，可以有效举报并得到及时反馈。

④ 平台对广告营销的把关、审核，是有严格规定的，不会允许一些未经查实的信息出现在用户的浏览界面中。

例如，抖音平台对内容监管较为严格。在抖音平台的社区自律公约处，可以看到"平台倡导""平台禁止及不欢迎"等内容。在"平台禁止及不欢迎"处，可以看到有悖公德良善、传播不文明行为等的界定和详细解释，如图 1-2 所示。

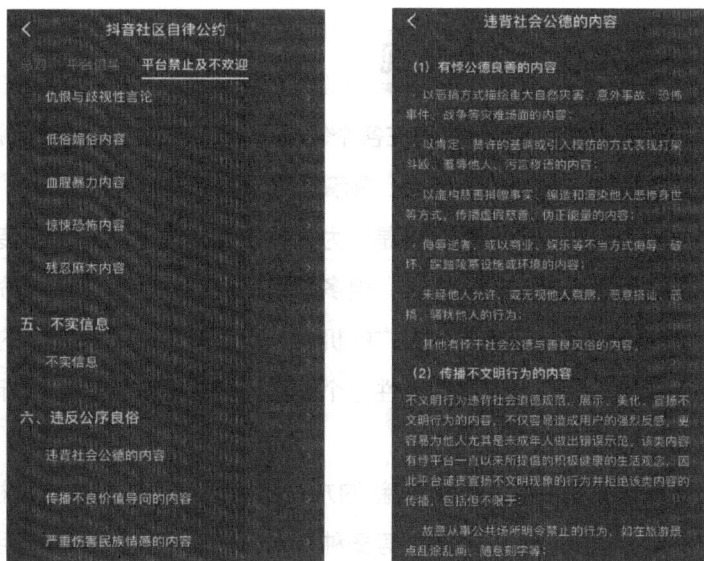

图 1-2　抖音社区自律公约

1.3.3　碎片化时代来临

随着手机设备的普及、5G 技术的发展，随时随地获取信息成为常态，"低头族"无处不在。

然而，用户获取信息的时间和精力有限，这就导致了信息碎片化的现象。这不仅体现在内容的碎片化，即信息还会因为再加工、截取等方式被分割成小碎片，以供快速消费；还体现在用户阅读场景的碎片化，即用户大多会在上下班途中的公交上、地铁上，用餐时间，晚间睡前的琐碎时间等来浏览信息，时间也呈碎片化。

其次，社交媒体亦是信息碎片化的一大原因。社交媒体平台上，用户通过发布微博、朋友圈、小红书等形式分享自己的个人经历、见解和观点，这些信息通常是短小精悍、零散的。

> **案例**
>
> 小王是一个毕业三年的职场人，每天乘坐地铁上下班。在早高峰的地铁上，小王会花 30 分钟浏览一些公众号文章以及一些新闻，看看近期有哪些大事发生；在到达公司所在的办公楼，排队等电梯的 10 分钟期间，小王会打开微博，看一下热点事件，打发无聊的等待时间；在午间就餐和午休前，小王会去抖音、快手、B 站等平台浏览短视频，放松一下；晚上睡前，小王会打开微信看一下朋友圈，然后打开读书软件看半个小时的电子书。就这样，小王的一天被碎片化地过完了。

在碎片化的趋势下，企业和品牌方更加聚焦于提升用户体验，根据不同平台、不同阅读场景下的用户群体，以及用户的不同需求来制定不同的营销策略，并重视社交媒体的使用，以开展更加有效的营销活动。

1.3.4　参与感时代来临

为了抓住用户，不同类型的媒体也在努力提高自己的内容设计水平和增加技术交互手段。

早期的电视综艺节目是先录制再定期播放的，观众只能看节目。后来的电视综艺节目允许观众加入交流，如拨打热线电话，但只有极少数人才能成功参与。再后来，电视综艺节目允许观众参与短信投票，观众的参与度相对提升。

而到了互联网时代，越来越多的人喜欢在网上，通过视频平台观看电视节目。观众不仅可以参与线上投票，还可以以评论、发弹幕、转发的形式来参与互动，观众的参与感大大增强。

许多传统媒体都在寻求转型，一方面，用户的阅读载体发生了变化，由以前的纸质媒体、电视媒体转移到 PC 端，再转移到移动端，因此内容的分发载体也要变化；另一方面，内容的制作方式要全面适应从传播型设计到参与感设计的转变，做出积极的调整。

> **案例**
>
> 　　某奶茶品牌推出一款新品奶茶，为吸引用户的注意，以及预热新品，其在微博和微信公众号上发起了互动活动。一方面，集思广益，向网友征集新品奶茶的名称，为激励用户积极参与，提出被选中名称的网友会有大奖；另一方面，在名称确定后，发动网友投票选出新品奶茶的包装，并发起了 100 名网友试喝的活动。相关数据显示，这次互动活动共有 12 万名网友参与，营销数据较为可观。

1.3.5　短视频时代来临

中国互联网络信息中心（CNNIC）发布的第 52 次《中国互联网络发展状况统计报告》显示，截至 2023 年 6 月，我国网民规模达 10.79 亿，其中，短视频用户规模达 10.44 亿，约占网民整体的 96.8%。

上至耄耋老人，下至三四岁的孩子，都可以通过短视频获取信息，娱乐消遣，短视频已经融入我们的日常生活，全民短视频的时代已经到来！

> **案例**
>
> 　　在抖音上，短视频可以让一个原本无人知晓的景点突然爆火，游客量激增；可以让深山里的一个手艺人变成"网红"；可以让一首歌、一句话在短短几天被全网用户熟知，成为"热梗"。

短视频作为一种新的信息传播方式，取代了传统的文字、图片、长视频，具有短、平、快的传播特点。然而，短视频真正的商业价值并不在于短视频本身，而在于短视频作为一种传播和营销推广渠道，被各方有效利用。

针对短视频现状，可以推测，未来的五年，甚至是十年，短视频的红利期依然还在，短视频仍然是新的经济增长点，学习短视频依然不会过时。短视频的基本模式已经成熟，短视频的平台和市场已经相对稳定，而很多短视频平台的大规模变现才刚开始……

1.3.6　直播时代来临

现如今，各行各业涌入直播，各个短视频平台直播"带货"风头正盛。以抖音、快手为代表的短视频平台，"带货"氛围浓厚，成交额屡创新高，正在抢占传统电商平台的用户市场。

用户在短视频平台的购物需求是被视频内容所创造和激发出来的。用户一般不会去短视频平台寻找商品，但短视频和直播内容会激发出用户的购买需求，这也就是所谓的"内容电商"。

简而言之，抖音有着 7 亿日活[1] 的用户，这些用户开始在抖音平台的直播间买东西，而不是非要在专业购物平台上买，这对短视频平台来说，是巨大的商机。大多数商家和品牌都已经入驻抖音，寻求更多销路。

> **案例**
>
> 小葛是一名程序员，以前他习惯在京东、淘宝等平台购买商品。现如今，受抖音的影响，他开始习惯在抖音平台的直播间购买商品。很多品牌商家都在抖音平台开设了官方账号，其直播间的商品往往有更低的价格或其他福利。近期小葛想买一辆车，于是在抖音上搜索了相关汽车品牌账号的本地直播间，在直播间他了解到了品牌近期的活动，看到了车型的直观展示，和主播的直接互动也增强了他对品牌的信任，他还抢到了优惠券，于是小葛直接来到该店铺的线下店，达成了交易。

移动互联网人口红利期已经结束，传统电商亟须新的流量入口，同时内容平台也需要拓宽变现渠道。所以，淘宝、京东、拼多多这类电商平台也不得不做直播、做短视频，而抖音也大力发展直播"带货"，鼓励商家入驻。

未来，短视频和电商的联系将会更加密切，用户对短视频内容电商的接受度也会不断提升，这会使短视频市场迎来红利期。

1.3.7　内容电商时代来临

内容电商是一种较为新型的电商销售模式，是指在如今的新媒体时代，商家或品牌通过传播带有商品信息的短视频内容精准地触达目标用户，激发用户的购买欲望，从而实现用户转化的一种方式。目前较为常用的手段就是短视频和直播。

很多新媒体平台兴起之初，是没有"购物车"功能的，如抖音、B 站、小红书等，即内容创作者无法直接销售商品。

以抖音为例，从 2020 年开始，抖音有了"购物车"和商品橱窗功能以后，短视频行业才逐渐开始和电商充分结合，很多短视频创作者开始利用短视频变现，短视频行业开始

1　日活：日活跃用户数量，一般用来衡量一个平台的用户活跃度，代表了一定的商业价值。

发挥其基本的商业价值。

短视频和电商功能的结合，培育了内容电商的土壤。传统电商平台的逻辑是用户先有购物的需求再去购买商品，而短视频平台的逻辑是，用户先看到与商品相关的视频，然后产生购买的欲望，从而下单。一定程度上来说，用户在短视频平台的购物需求是被视频内容所创造和激发出来的。

> **案例**
>
> 　　小李是一名学生，喜欢研究穿搭和美妆，喜欢逛小红书。某天晚上，小李在浏览小红书时，被一个服装博主推荐的连衣裙所吸引，尽管小李已经有连衣裙，但还是忍不住下单购买。

随着电商和内容领域巨头的入局、短视频和电商的深度融合、用户对短视频内容电商接受度的不断提升，短视频市场也迎来红利期。

在内容电商时代下，新媒体营销者需要特别注意的是：用户的互联网消费习惯正在发生变化，从过往"有具体的购物需求后，去电商平台搜索、比对并下单"变为"无购物需求状态下浏览内容，由于被内容吸引或打动而直接下单"。

因此，如何根据用户属性进行产品选择，如何策划独特的内容吸引用户持续浏览，如何将广告自然植入文章和短视频，如何营造稀缺感并引导用户下单等，成为企业新媒体营销者重点思考的问题。

1.3.8　从信息流到个性化推荐

在 2022 年以前，大多数新媒体平台的信息推荐方式以信息流为主，即系统按照用户喜好，以时间线为轴，向用户推荐信息。但在 2022 年以后，很多新媒体平台的信息推荐方式逐渐以个性化推荐为主，这使这些平台上的新媒体账号不得不更加重视内容，提升用户黏性。

> **案例1**
>
> ### 抖音
>
> 　　2022 年，抖音平台的推送机制发生改变，用户关注了某账号，系统不一定会将该账号更新的作品推送给用户，但一定会推送给账号的"铁粉"。
>
> 　　可以理解为，以往，用户只要关注了某账号，就会在"关注"页"刷"到该账号的视频，但现在，就算用户关注了某账号，但不

微博、微信、知乎、今日头条等，其特点为用户基数大、信息及时性强、内容形式丰富、互动性强等。

由于各平台之间的技术差异以及运营方式不同，用户在各个平台做新媒体营销的技巧和策略也是不同的。

总之，新媒体营销是一个系统工程，需要多个工作岗位人员共同配合完成。在策划新媒体营销活动时，营销人员需对各平台进行分析，找到适合企业自身的新媒体平台，根据平台运营机制和规则，基于产品或品牌的推广需求和目标受众的喜好，策划满足推广目标的营销活动。

1.4.2 新媒体营销的功能

新媒体营销的商业价值较高，营销功能也较为丰富。利用新媒体进行营销，能够达到多种直接或间接的营销目的，当然，最主要、最核心的目的是变现，即提升产品的销量。本小节主要介绍利用新媒体营销能够实现的不同功能。

1. 利用新媒体做新品宣传

当企业和品牌有新产品上市需要展开营销时，新媒体是重要的宣传工具，这不仅因为当前趋势下一些新媒体平台的流量高，还因为产品的外观、设计、理念等更适合以新媒体的形式（如视频、直播等）传递给用户。

品牌通过在新品上市前后开展集中、大规模的新媒体营销，能够使品牌新品快速抵达用户心智，被用户所知晓，从而刺激用户需求。

案例

2023 年 4 月 13 日，别克 E5 汽车新车上市，分别在微博、B 站、小红书、抖音等平台都投放了新媒体广告，如图 1-4 所示。

图 1-4　别克汽车的新品宣传广告

2. 利用新媒体在线获客

利用新媒体在线获客指的是很多传统的线下行业利用新媒体平台的高流量来吸引潜在用户。这一功能常见于一些不能直接在线上进行销售的产品所在的行业，如房地产行业、汽车行业、咨询服务行业、餐饮行业等。

目前在抖音、快手等平台上，大量的线下企业以企业官方或个人 IP（个人品牌）的账号形式入驻，并以专业性的短视频来吸引用户关注，从而引流用户进行转化，促进线下成交。

> 图 1-5 所示为某房产企业在抖音平台发布的营销短视频。该企业通过视频中展示的房产资源，吸引用户点击了解房产资源，从而留下联系方式，完成线上获客。

图 1-5　某企业的营销短视频

3. 利用新媒体强化品牌

过去一个品牌及其产品形象的打造靠不断宣传，如今仍是这样，但变化的是宣传的平台和媒介。今天新媒体平台迅速占领了营销市场的巨大份额，尤其是短视频和直播，利用新媒体进行品牌强化，已经成了很多品牌的不二之选。

2019 年至 2022 年是短视频平台高速发展期，也是众多新锐品牌利用短视频大力营销的时期。这几年，在抖音、快手、小红书、微博等平台上，一个又一个"爆款"品牌及产品涌现出来，如零食品牌王小卤、王饱饱，美妆品牌完美日记，咖啡品牌三顿半等。通过利用新媒体营销不断强化宣传，这些品牌及产品的知名度不断上升。

强化品牌形象，是为了让品牌及其产品抢占用户心智，与用户产生良性关联，从而激发用户产生购买行为，给品牌和产品带来溢价空间，以期持续地获得利润。

> **案例**
>
> 品牌美妆花西子成立时并不起眼，但却能在随后的几年中脱颖而出，成为有一定知名度的美妆品牌，这与花西子开展的大量新媒体营销有着密切关系。
>
> 2019年开始，花西子在抖音、快手、小红书、微博等平台大力开展营销宣传，以"达人"推荐和官方平台广告两种形式为主，频繁出现在各平台的开屏广告、信息流广告和一些美妆类"达人"账号的"种草"视频中。而后，花西子逐渐成为美妆品牌中知名度较高的美妆品牌，销量也逐年上升。卡思数据显示，2021年4月，在彩妆类目抖音小店的销售额中，排名第一的是花西子。

4. 利用新媒体"种草"销售

"种草"是网络词汇，意思是将一个产品分享或推荐给他人。在新媒体营销中，"种草"演变成一种销售手段，指通过网络 KOL[1] 或 KOC[2] 来向用户推荐商品，促使其下单。

"种草"作为一种产品推荐方式，分享真实体验、激发他人购买是其主要特点，通常通过营造生活场景进行。这种形式被应用于营销推广中，弱化了营销性，且更容易将内容场景和消费场景相结合，带动销售。与开屏广告或信息流广告等方式相比，由"达人"和博主基于真实体验分享产品的方式更有"种草"氛围，也更容易赢得用户的信任。

> **案例**
>
> 咖啡品牌三顿半早期就致力于在微博、小红书等平台挖掘极具"种草"潜力的 KOC 和 KOL，通过图文和视频等多样化内容来展现趣味、健康和正能量的生活状态。三顿半依靠 KOL 和 KOC 的影响力来连接用户，由点到面地影响用户决策，增加用户转化和复购的可能性。

---

1 KOL：Key Opinion Leader，简称 KOL，指关键意见领袖，通常是某行业或领域内的权威人士。

2 KOC：Key Opinion Consumer，即关键意见消费者，指能影响自己的朋友、粉丝，产生消费行为的消费者。相比于 KOL，KOC 的粉丝更少，影响力更小，优势是更垂直、更便宜。

5. 利用新媒体"拉新"

2023 年，抖音、快手、小红书、微博、微信等各个新媒体平台的活跃用户量巨大，这些新媒体平台的高人气和高流量不仅使品牌和商家看到了营销机会，也使其他软件想要从中"拉新"。"拉新"即通过各种营销手段为新产品或新平台导入新用户，从而快速实现用户增长，也就是跨平台引流。

在抖音、小红书以及微博上，用户经常可以"刷"到其他平台的植入广告。例如，在抖音平台，用户经常会"刷"到含有导流到得物、识货、拼多多、京东等平台的营销视频。

得物是一款潮流物品交易 App，也是一个潮流文化分享社区，成立于 2015 年，曾用名"毒"。该 App 在早期的用户不多，但在 2019 年以后，用户呈现较大幅度增长，而 2019 年至 2022 年，也是得物大力做营销推广的几年。相关数据显示，早在 2021 年，得物的月活跃用户量已经突破了 8 500 万，同时还在以 8% 的增速增长，而这些用户中，有大量用户来源于抖音、快手、小红书、微博等平台。

图 1-6 所示为剧情中的主人公提到在得物中购买到一双好鞋，还提到得物现在做活动，有满减优惠和新人福利券等，引导用户点击评论区链接下载 App 领取优惠。用户看到视频，点击评论区链接跳转至下载页面，再到下载 App 完成注册，导流过程就完成了。

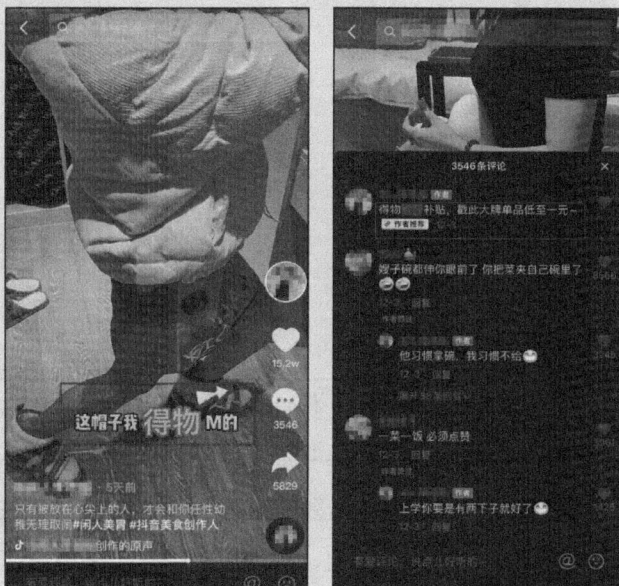

图 1-6 抖音上的软件导流案例

6. 利用新媒体打造个人品牌

个人品牌即个人 IP，是指某人的定位在大众化的人群中有广泛的知名度。如说到主播，很多用户就会想起董宇辉，说到 PPT，很多用户就会想到秋叶一样，个人品牌往往在专业领域拥有一定的知名度和影响力，会在消费同质化的今天在用户心中留下深刻记忆，从而赋能所在企业品牌，甚至是行业，实现更大的势能转化。

在网络媒体如此发达的今天，借助新媒体打造个人品牌已经成为很多 IP 打造者的首要途径和必经之路，包括但不限于微信公众号、微博、豆瓣、知乎、今日头条等平台，即通过全网多个平台的综合输出，逐渐积累影响力，形成个人品牌。

案例

秋叶在全网多个平台都注册并认证了账号，包括微信公众号、视频号、抖音、快手、小红书、微博、知乎、豆瓣等，坚持知识输出。秋叶的部分新媒体账号如图 1-7 所示。这些新媒体账号不仅扩大了秋叶品牌的知名度，还直接为品牌引流了很多新用户，实现间接变现。

图 1-7　秋叶的部分新媒体账号

然而，打造个人品牌是一件长期性的复杂工程，需要 IP 打造者在形象设计、直播、写作、演讲、社群、短视频等方面共同发力，新媒体只是其中的渠道之一，利用新媒体打造个人品牌，需要 IP 打造者结合使用其他渠道和方法。

课堂练习

　　你是否有"看某个博主'种草'或推荐，而购买某个产品"的经历？请找到该视频或文章，与大家分享，并分析该视频或文章是哪里打动你下单的。

课后习题

1　简述新媒体的特点。
2　简述优质新媒体的特征。
3　简述新媒体发展的趋势。
4　简述新媒体营销的功能。

PART 02

第二章
新媒体的类型

学习目标
- ➢ 了解不同类型的新媒体。
- ➢ 了解不同类型的媒体的演变。
- ➢ 了解不同新媒体的常见营销方式。

素养目标
- ➢ 积极学习不同类型的新媒体，掌握其运行规律，做好舆论把关。
- ➢ 自觉弘扬社会主义核心价值观，利用新媒体传播优质文化内容。

由于新媒体技术的快速发展，设备的推陈出新，再加上用户对新媒体的需求和使用场景的多样化，新媒体的形式和类型也不断地发生变化。按照表现形式分，新媒体可以分为图文媒体、音频媒体、视频媒体等；按照使用性质分，新媒体可以分为社交媒体、视频网站、电子商务网站等；按照媒介及交互形式分，新媒体可以分为网站、App、视频直播等。

每一个新媒体平台都不是单一的某类型媒体，新媒体的形式和类型在不断地发生变化。各种分类方式只是按照其中某个方面进行归纳和总结，并且各种媒体之间也有相互重叠的部分。在学习过程中，不必纠结分类，掌握不同媒体的不同特点及其营销方式即可。

2.1　从门户网站到移动网站

从门户网站到移动网站，是新媒体发展的一个历史性转变。

2.1.1　第一代新媒体：门户网站

门户网站，通俗地说就是进入互联网的一个入口。只要通过这个网站，用户就可以获取需要的信息，或者到达想要到达的网站。

1. 门户网站的发展

互联网在中国开始广为人知，始于 1998 年开始的门户网站建设热潮。在门户网站刚起步时，很多门户网站只提供搜索服务和网站目录服务，但是在后来的发展中，这些门户网站快速地拓展各种新的业务，如电子邮件、新闻、在线调查、话题专栏、论坛博客等，功能越来越全面，架构也越来越复杂。

1994 年出现的美国雅虎网站就是一个链接合集，它为用户整合了互联网上的优质网站链接，不断实时收录新的优质网站，节约了网友查找网站的时间，最后逐步发展成为一个互联网门户入口，盛极一时。

我国早期的门户网站是模仿雅虎模式发展起来的。如早期的网易界面（见图 2-1）就类似于雅虎，只不过在页面设计的风格上与雅虎不同。

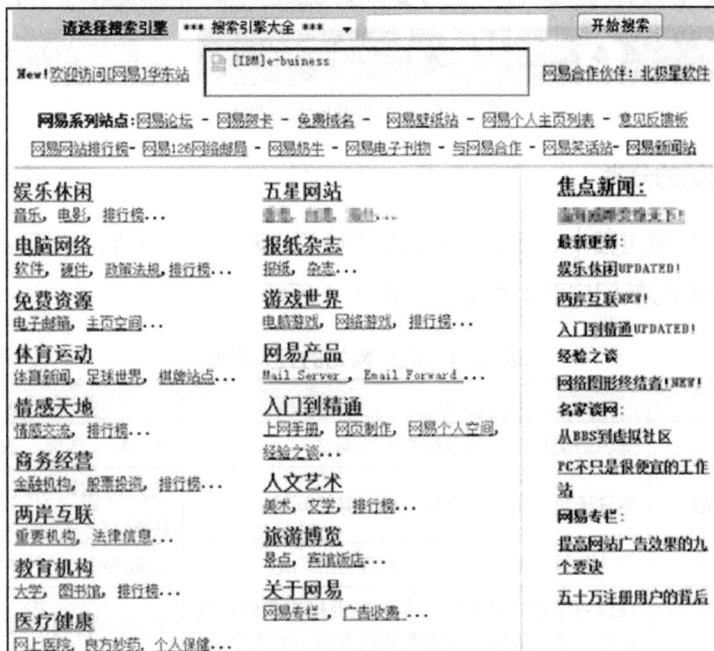

图 2-1　早期的网易界面

到了今天，门户网站发展成了栏目多元化的综合性网站，如今的门户网站首页（见

图 2-5　移动网站界面

1. 阅读特点

移动网站更适应移动互联网的特性，信息展现形式更多样，更适合用户在碎片化时间阅读。不过，移动网站与门户网站一个显著区别就是，移动网站首页能展示的有效信息量相对较少，所以用户在门户网站和移动网站上的阅读习惯是不同的。

在门户网站上，一次性弹出的信息量很大，用户的阅读习惯是把感兴趣的内容都点开，然后等页面刷新，逐个阅读后再逐个关闭。而在移动网站上，用户的阅读习惯是看到感兴趣的内容才会打开阅读。用户一旦打开一个页面，在相对短的时间内很少被干扰，可以获得相对专注的阅读体验。

2. 门户网站与移动网站的对比

新媒体运营者要理解这些互联网媒体的区别，从而更好地选择合适的推广渠道。要了解门户网站和移动网站投放广告类型的不同，可以通过表 2-2 来对比分析。

表 2-2　门户网站与移动网站的对比

项目	门户网站	移动网站
展现终端	计算机、平板电脑	智能手机
展示风格	信息量多，分栏分类，较为繁复	简洁、大气，注重协调统一
展现形式	强制弹窗、顶部 Banner[1]、Banner 图文链、正文关键词超链接广告	顶部 Banner、文章底部广告、软文等

1　Banner：横幅广告，是网络广告最早采用的形式，一般是横跨于主页上的矩形公告牌。其在广告位中占核心位置。

续表

项目	门户网站	移动网站
交互方式	评论、点赞、导购	点赞、转发、@、收藏、评论、购买
传播方式	截屏或复制链接发送到微信等	直接转发
适合类型	品牌广告、活动导流广告	直接带购买链接的广告、信息流广告

2.1.3 移动网站营销概述

移动网站营销是指企业或品牌利用移动网站，通过一系列促销和营销手段来吸引并留住目标用户群体，进而达成品牌传播、产品推广、销量增长等营销目标的过程。随着移动互联网用户数量的不断增长，移动网站营销已成为企业进行在线营销的必经之路。

近几年，我国移动网站营销的现状有以下几方面的特点。

1. 广告形式趋于多样化

随着用户对广告形式的排斥，移动端广告的形式也在不断变革。移动网站中，不仅有对用户影响较小的 Banner 和自然广告，还有全屏广告、视频广告等多种形式的广告。同时，移动网站也在不断探索新的广告形式，如原生广告、AR 广告等，以尽可能减少用户的反感并提高广告的转化率。

2. 精准投放得到重视

精准投放已成为移动网站营销的主流方式。以腾讯新闻为例，腾讯新闻移动网站拥有巨量的用户数据，可以通过大数据分析、人工智能等技术获得用户画像，从而实现精准投放。这种精准投放的方式不仅可以提高广告的转化率，还可以提高用户的体验，减少用户对广告的反感。

3. 愈加重视用户体验

用户体验是移动网站营销的核心。现在移动网站越来越注重用户体验，以期尽可能减少广告对用户体验的影响。例如，在新闻页面中，广告和内容相对独立，不会影响用户的阅读体验。

移动网站营销已经成为企业开展营销的重要手段。随着用户需求和技术不断变化，移动网站营销也在不断发展，以满足用户需求，并提高广告转化率。

课堂练习

你最常用的移动网站是哪一个？为什么用这个？请尝试分析一下这个网站的优缺点。

2.2　从论坛到知乎

随着互联网的不断发展和普及，用户分享和获取信息的方式也在不断变化。从早期的论坛到现在的知乎，展现出了人们对知识和沟通方式需求的演变。

2.2.1　第一代社区：论坛

论坛（Bulletin Board System，BBS），又名网络社区，是互联网上的一种电子信息服务系统。论坛的主要功能是支持用户自由发布主题和回复帖子，具有极强的交互性。

1. 论坛的兴起

中文论坛的"火爆"始于 1997 年，与中国互联网开始发展同步。

自 1998 年开始，国内论坛发展如火如荼。除了新浪网、搜狐、网易这三大门户网站论坛之外，天涯、西祠胡同、猫扑、凯迪社区等中文论坛逐渐兴起，甚至连搜索"巨头"百度也建立了"百度贴吧"，论坛盛极一时。

不同的论坛为了争取用户、获取流量，开始走向细分道路，由此出现了如文学领域的榕树下、红袖添香，IT 领域的 DoNews，手机领域的手机之家，汽车领域的汽车之家等大量专业论坛，中文论坛开始步入繁荣时期。

图 2-6 所示为百度贴吧和汽车之家的界面。

图 2-6　百度贴吧和汽车之家的界面

由于人气大量汇聚，网络论坛不断地发展，开辟简单的互动沟通环境，尤其适合讨论不同话题。论坛是用户聚集的地方，论坛要运营到一定的流量和知名度才会实现盈利。不同类型的论坛，其盈利的模式是不同的，但是现在大部分论坛还是靠广告实现盈利。

2. 论坛的衰落

论坛曾经是中国网民最爱的网络社区，很多人把网络论坛当作精神家园。2009 年中文论坛开始走下坡路，除了互联网舆论监管等因素之外，还包括以下因素。

● 文章质量低。

论坛的运作机制是用户只要注册就可以在话题下发表看法和评论，这导致在热门话题下"灌水"（发表没有实际阅读意义的"水文"）行为盛行，进而导致论坛热门话题的文章质量越来越低。

● 管理成本高。

热门论坛始终没有解决发布营销广告的问题，如在论坛热门话题下发布广告帖，在热点话题评论中回复广告帖，或者在论坛里发布软文等行为让论坛变成营销账户活跃的空间，导致忠实用户逃离。大部分论坛没有解决好商业模式问题，缺乏足够的管理员监控，导致论坛规模扩大后运营质量下滑。

● 信息搜索难。

由于论坛排列文章的顺序是按照回帖时间从现在往之前排列的，所以很多以前发表的文章都会被排列到后面，用户想要查找关于某方面内容的时候很不方便。事实上，大部分论坛没有系统考虑过如何推荐优质内容，仅靠"加精"和"置顶"是不够的。

在博客兴起后，高质量论坛"斑竹（版主）"更愿意去博客写文章，因为博客比论坛更有利于创作者容易建立个人品牌，于是有影响力的创作者逐步转向博客、微博、微信公众号、头条号等新的写作平台；另外，中文小说网站也吸引了很多创作者前去写连载小说，这导致曾经在论坛上盛极一时的连载帖创作者流失。

多个因素叠加，论坛的基础用户群体不断减少。

3. 论坛营销

论坛营销就是企业利用论坛这种网络交流平台，通过文字、图片、视频等方式发布企业的产品和服务的信息，从而让目标用户对企业的产品和服务产生兴趣，最终达到宣传品牌、带动用户购买的网络营销活动。

企业可以自己策划论坛营销，选择合适的论坛投放，因此企业发生的主要成本是注册账户和安排人力投放产生的成本，成本较低。但是很多论坛为了打击广告帖，会大量删除这类广告帖，所以要确保投放效果，企业还需要和论坛营销的公关公司进行付费合作。论坛营销的主要环节如表 2-3 所示。

表 2-3 论坛营销的主要环节

环节	动作
话题策划	策划在论坛上能够引起关注的话题，最好是能够长期讨论的话题
帖子撰写	将品牌、产品、活动内容植入论坛发帖内容，争取形成持续传播效应，甚至引发新闻事件，形成传播的连锁反应； 一般，论坛上受欢迎的写法包括多图真相帖、连载故事帖、观点论战帖、新鲜视频帖等模式

续表

环节	动作
内容投放	选择合适的论坛投放内容，并有针对性地进行内容微调，以符合对应论坛的特点，还需要落实"置顶""加精""踩楼""灌水""自顶"等后续安排
付费合作	选择合适的投放渠道合作伙伴，对比报价
效果监测	了解投放数据指标变化，评估投放效果，包括内容在搜索引擎上的表现

2.2.2　问答社区的复兴：知乎

随着用户浏览论坛的时间慢慢变少，论坛似乎成为过时的媒体。但创立于 2010 年 12 月的一个问答论坛社区——知乎，却让人眼前一亮。知乎主页如图 2-7 所示。

图 2-7　知乎主页

同样属于内容型社区，同样是人人可以注册，同样是在一个话题下人人都可以发表评论、互相点评，但知乎的用户使用体验比过去的中文论坛好。

为什么知乎能做到这一点呢？

1. 真实的网络问答

知乎是一个真实的网络问答社区，所以从一开始知乎就更容易形成实名社区的氛围，更容易培养友好与理性沟通的文化，避免过去中文论坛中常见的"拍砖"文化。

2. 先精英，后大众

知乎的运营策略是"先精英，后大众"，先联系各行各业的精英入驻，形成高质量问答的氛围，然后带动普通用户逐步加入，这样很容易让用户分享彼此的专业知识、经验和见解。在知乎中，理性沟通的文化得到传递和扩散，因此用户能够持续创造高质量的问答信息。

3. 管理模式先进

从知乎对话题的管理模式上看，知乎的信息筛选机制比普通论坛要先进。知乎放弃了论坛传统的"导航树 + 置顶话题"的信息组织方式，而是直接引入关键词搜索模式，这一方面贴合了用户已经习惯搜索的使用特点，另一方面也可以通过控制搜索结果淘汰垃圾内容。

针对论坛中大量出现的"路过帖""沙发帖""mark 帖"，知乎一方面强化了对低质量或垃圾内容的功能化屏蔽，另一方面保留了"点赞回复"的激励功能，用户的高质量回答都会有记名的赞同。

知乎这些设计为手机移动端用户提供了良好的体验——阅读简单、方便、快捷，而传统论坛的话题树模式更适合计算机大屏幕。在智能手机普及的今天，知乎自然更容易赢得用户喜爱。

4. 邀请问答机制

知乎的问答，表面上是问答，实质上体现了社交网络服务（Social Network Service，SNS）的特点，是人、话题和问题联系的纽带。知乎鼓励用户邀请最合适的人来回答最合适的问题，如有人提了关于法律的问题，这个问题很快会被关注法律话题的人看到，他们则邀请这个领域的专家来解答。这样，每个人获得正确答案的机会就会增大，而对于正确的答案大家更愿意分享，分享的人多了，社区的力量也会得到增强，这是一个良性循环。

5. 跨媒体交互

知乎打破了过去论坛的自我封闭，过去论坛的话题都在论坛内讨论。知乎一开始就鼓励用户转发话题到微博，然后通过微博为社区导流。知乎也经常主动在各种新媒体平台发布《知乎文摘》，以扩大知乎的影响力，吸引更多的用户来知乎交流。

总体来说，从传统论坛到知乎，两者都是内容型社区，但随着用户对信息获取的要求越来越高，两种媒体的形态在发展中不断发生变化。

2.2.3 知乎营销概述

知乎平台拥有多种广告形式，可以帮助企业或品牌在知乎上进行促销和推广。以下是知乎平台常见的广告形式。

1. 品牌广告

品牌广告是知乎最常见的广告形式之一。该广告通常以图片和文字的形式在知乎首页和相关页面的右侧展示。

2. 搜索广告

搜索广告是在关键字搜索结果页面展示的广告，可以在用户进行相关搜索时进行推广。

3. 话题广告

话题广告是通过精准匹配用户需求的知乎话题进行营销推广的广告。该广告使品牌和用户的关注话题产生连接和共鸣。

4. 问题广告

问题广告是在特定的问题页面上展示的广告。品牌可以根据问题的关键词、问题热度、答案质量等多个因素进行定向投放，尽量以软文的形式呈现，将广告信息植入在问题的答案中。

5. 视频广告

视频广告通常会在用户浏览知乎视频或 Live 时自动播放，可以在视频内容之前或中途进行广告宣传。

6. 创意广告

创意广告是知乎推出的一种创新型广告，主要通过创意的方式来塑造品牌形象，吸引用户关注和参与。

课堂练习

你最近对什么问题感兴趣？尝试在百度搜索中输入你的问题，看看搜索页面里面有没有知乎的回答。查看知乎的回答及其他百度搜索结果，有什么发现？

请在此基础上分析，一个网络问答论坛成功的因素包括下面哪几项？

① 在搜索引擎上有良好的表现（问答搜索）。

② 确保高质量的回复。

③ 手机阅读体验愉快。

④ 方便网友注册和参与交流。

2.3 从博客到微博

从博客到微博是社交网络发展的必然。如今，博客早已不再火爆，微博成为用户使用更加方便快捷的社交平台。

2.3.1　第一代自媒体：博客

博客（Blog）来源于 Weblog，指网络日志，是一种以网络作为载体，由个人管理、张贴新的文章内容、图片或视频的网站或在线日记，用来记录、抒发情感或分享信息、传播个人思想，并带有知识集合链接的出版方式。

1999 年是博客开始高速发展的一年。早期，用户会在博客上分享自己的所见所闻、知识技能、思考感悟等。看一个人分享的博客内容，可以走进一个人的内心，可以大概知道一个人的喜好，还可以通过文字感受到其喜怒哀乐。相比论坛碎片化的话题，博客让一个人的面目、性格更清晰可见，更容易引发用户的认可、关注和阅读。图 2-8 所示为早期的博客页面。

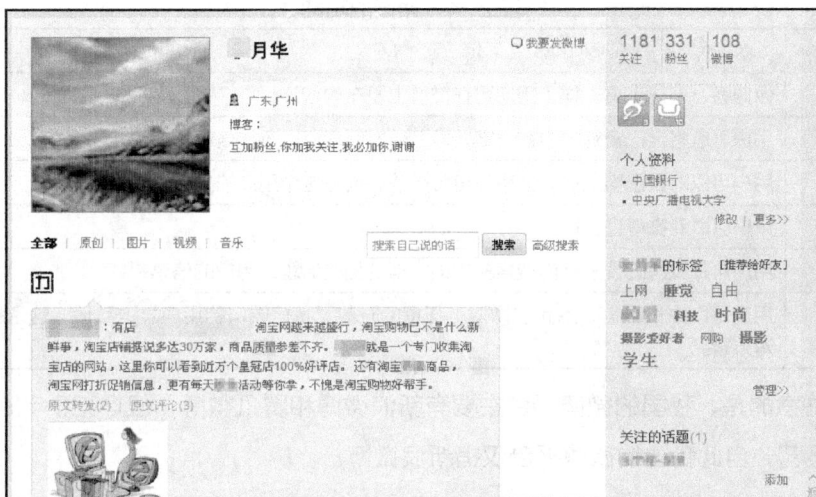

图 2-8　早期的博客页面

在博客繁荣的时候，知名博主获取回报的方式有三种。

第一，写公关软文，为企业品牌背书，获取商业回报。

第二，在博客页面嵌入广告链接，通过付费广告分成获得收益。在博客繁荣时代，嵌入搜索引擎的付费广告页面非常流行。

第三，内容"打赏"收入。博客时代在技术上实现了对文章内容的"打赏"，但当时并没有"打赏"文化，博主靠付费阅读获得生存空间的形式并不存在，真正有影响力的博主会选择去门户网站开专栏，扩大个人影响力，在其他领域换取回报。

相关数据显示，2013 年开始，博客使用率呈现出明显下降趋势，博客转变为小众化应用。通过网易博客官方版本更新记录可以发现，其对产品更新的记录早在 2013 年 7 月就已经停止。

在 2018 年，国内 80% 博客正式关停，至此，运行十余年的博客成为过去，取而代之的是微博。

2.3.2 微博：人人都是自媒体

微博是微型博客（MicroBlog）的简称，之所为称为微型博客，是因为微博在一开始对发布内容有字数限制，通常不得超过 140 字。虽然，新浪微博在 2016 年取消了字数限制，用户可以发布长文，但微博始终以短小精悍的内容作为主要输出方式。

1. 微博的功能

微博是一种基于用户关系信息分享、传播及获取简短实时信息的广播式的社交媒体、网络平台，它通过公开方式，采用裂变式传播，具有使用便捷、内容碎片化、交互性强等特点。

作为具有传播性质的社交平台，微博的功能也十分强大，如表 2-4 所示。

表 2-4 微博的功能

功能	释义
发布功能	像博客、聊天工具一样，用户可在微博上发布内容
转发功能	用户可以将自己喜欢的内容一键转发，转发时还可以添加自己的评论
关注功能	用户可以对自己喜欢的其他用户进行关注，成为这个用户的关注者（即粉丝）
评论功能	用户可以对微博进行评论
搜索功能	用户可在微博的搜索框内搜索关键词，得到相关话题、用户的信息
私信功能	用户可以点击私信，给新浪微博上任意的开放了私信端口的用户发送私信，这条私信将只被对方看到

值得注意的是，我国的微博平台主要有新浪微博和腾讯微博，但 2020 年腾讯微博停止服务和运营，自此我国的微博平台仅指新浪微博。

2. 微博的特色

微博作为一种特殊的网络媒介形态，在具备网络传播特征的同时，也具有自身鲜明的特色。

● 传播主体：平民化、个性化。

发布微博不需要经过严格的审核，也不需要像写博客一样发表长篇大论，极大地降低了普通人发布信息的门槛。用户可以随时随地发布看到的信息，包括当下的生活状态和个人的感悟等。

● 传播内容：碎片化、去中心化[1]。

早期微博限定内容字数为 140 字，这使得微博的内容和信息量都受到了限制，但正是因为这种限制，微博的内容传播呈现出碎片化的特点。用户发布的微博内容篇幅短，能让其他用户迅速获取其中的信息，与现代社会信息化、快节奏的生活方式相契合，大大节

---

1 去中心化：互联网发展过程中形成的社会关系形态和内容产生形态，是相对于"中心化"而言的新型网络内容生产过程。去中心化并非不要中心，而是由节点来自由选择中心、自由决定中心，在去中心化系统中，任何人都是一个节点，任何人也都可以成为一个中心。

约了用户的时间成本。

● 传播方式：社交化、裂变化。

用户能在微博上分享信息、进行社会交往、表达个人感受，且能迅速、及时地得到其他用户的反馈。在这个过程中，许多用户像朋友一样，在微博上建立了情谊，互相转发、评论对方的微博。

微博的传播方式除了社交模式，还有裂变模式。一条微博的传播模式不是单纯的"一对一"或"一对多"模式，而是"一对一""一对多""多对多"可以同时发生的裂变模式。

2.3.3　微博营销概述

微博营销指企业以微博作为营销平台，通过内容更新、活动策划、粉丝互动等方式，传播企业的宣传信息，从而达到树立良好企业形象的目的。微博平台的营销广告可按照发布主体分为三大类型。

● 官方广告。其包括微博开屏广告、首页 Banner 广告、官方热搜广告。

● "大 V"广告。其包括"大 V"直发广告、转发广告。

● 企业广告。企业开通和运营微博账号，通过自身微博账号发广告。

对于企业来说，微博的营销价值包括以下五方面：品牌推广、用户维护、市场调查、危机公关、闭环电商。

1. 品牌推广

通过微博运营，企业可以快速聚合用户关注度，提升品牌知名度；与用户形成情感共鸣，提升品牌好感度；扩大品牌传播，曝光新产品和服务。

由于微博平台本身就具有高聚合和强互动的特点，KOL 可以在很大程度上对普通用户产生态度和行为上的影响。企业在营销中借助 KOL 的力量，可以有效提升信息传播速度，并且加大信息传播的范围。

2. 用户维护

微博营销的便利之处，就是通过内容、活动触达用户的同时，还可以一对一地进行用户维护，提升用户的满意度，进行用户管理。

企业可以通过微博挖掘用户的问题，为他们解决遇到的问题，提供持续性的服务，维护用户关系；通过优质内容与用户深度互动，逐渐将其转化为品牌忠实用户。

3. 市场调查

基于微博平台的垂直领域划分，每个用户都有其对应的兴趣领域标签，企业可以做到针对性地触达特定偏好的用户并进行调研，这为企业制定个性化服务提供了极大的便利。同时，企业还可以对目标用户发布的微博内容进行针对性的分析，更深入地挖掘需求，更精准地制定营销策略。

4. 危机公关

在微博平台上，涉及知名企业产品质量、企业信用问题等公众事件，会迅速登上微博的热搜排行榜。企业如果不进行处理，事件持续发酵会对企业非常不利。企业可以通过微博，快速了解并应对突发情况。

利用微博快速对事件做出声明和正确的回应，有利于企业形象的建设。快速、有效的微博危机公关，不仅能有效地将危机带来的影响降到尽可能低的程度，甚至能将危机转化为提升企业形象的一次机遇。

5. 闭环电商

个人或企业通过微博运营，获取一批粉丝后，可以直接在微博为企业导流或销售商品。

例如，企业在微博平台发布产品推文时，植入产品的购买链接，粉丝看到微博内容后，可直接通过链接购买商品。微博的电商功能示例如图 2-9 所示。

图 2-9　微博的电商功能示例

课堂练习

你经常玩微博吗？频率怎么样？请分析原因。

2.4 从手机报到新闻客户端

从手机报到新闻客户端的演变，背后是移动互联网和智能手机的推动和变革。

2.4.1 手机报：早期新闻订阅

手机报（Mobile Newspaper）是从手机短信发展而来的，是指通过手机短信或 WAP[1] 浏览器等方式向用户提供新闻资讯的服务。手机报的出现主要是因为以前移动互联网的网络速度较慢，手机屏幕较小，而短信则是一种快速传递信息的方式，因此手机报就是利用短信的形式向用户传递新闻资讯。

1. 手机报的特点

和手机短信只有几十个字不同，手机报可以推送新闻、图片、广告等内容，可以为企业传播大容量的多媒体信息，包括长达 1 000 字的文章、小于 50KB 的图片。它的实质是电信增值业务彩信与传统媒体相结合的产物，是以手机作为传播新闻的载体，实现用户与资讯的近距离接触。

2. 盈利方式

手机报主要通过三种手段实现盈利：一是向彩信定制用户收取包月订阅费；二是对 WAP 网站浏览用户采取按时间计费的手段；三是借鉴传统媒体的盈利方式，通过吸引用户来获取广告收入。

3. 手机报的衰落

2004 年 7 月 18 日，《中国妇女报·彩信版》正式开通，该报也成为我国第一份手机报。手机报刚出现时，很多人认为这是跨时代的革命性转变，手机报是一个新媒介时代的开始。但实际上手机报没有取代传统媒介，也没有成为新媒体的主流渠道。

主要有以下三个原因：一是手机报出现太早，用户没有形成手机阅读的习惯；二是手机带宽流量不足，WAP 网站阅读体验不佳；三是手机报更多是传统媒体复制推送自己网站的内容，而不是围绕移动阅读场景去打造产品。

虽然手机报不温不火，但是不等于移动新闻阅读没有需求，从 2012 年开始，各大媒体网站逐渐展开了新闻客户端之间的竞争。

2.4.2 新闻客户端：移动阅读的大势所趋

为了适应移动阅读模式，新闻门户网站纷纷推出专门的新闻客户端，如网易新闻客户

---

1 WAP：无线应用协议。人们使用手机等移动通信终端设备，通过 WAP 接收各种信息、上网、浏览网页、收发电子邮件，甚至进行网上电子商务。

端、腾讯新闻客户端、搜狐新闻客户端，还有专门适应手机阅读的新闻门户媒体，如今日头条。有些传统媒体也抓住移动阅读的时机，推出了自己的移动新闻端，如浙报集团的澎湃新闻。

这些借助数字、移动技术，安装在移动客户端上的新闻类应用程序，就是新闻客户端。新闻客户端界面如图 2-10 所示。

图 2-10　新闻客户端界面

1. 新闻客户端的特点

新闻客户端的兴起其实是适应移动阅读的趋势，其转变了看报纸或从门户网站看新闻的方式。但是移动终端界面很小，所以新闻客户端为适应这一变化做了许多重要的创新，具体特点如下。

- 碎片化阅读，排版适应手机载体，受众可随时随地阅读相应信息。
- 突出头条新闻，引入独家原创内容，围绕精准定位推送文章，抓住目标用户。
- 强化个性化推送，依据用户阅读习惯，智能推送用户喜欢阅读的文章。
- 订阅简单，安装方便，可以自动弹出消息提示。
- 鼓励转发社交媒体，强化交流分享属性。

2. 手机报与新闻客户端

手机报与新闻客户端同样都是通过手机获取新闻资讯的，但两者存在相当大的区别，如表 2-5 所示。

表 2-5　手机报与新闻客户端的区别

项目	手机报	新闻客户端
展现渠道	短信、彩信	新闻 App
展示形式	单一图片或文字	焦点图 Banner、信息流、图文、视频、直播
交互形式	单向推送	评价、点赞、分享、智能推送个性化内容
传播方式	转发短信	转发微博或微信朋友圈
营销模式	广告信息植入	品牌广告位、活动导流、产品导购、软文植入、公关文章

3. 今日头条

今日头条是一款基于数据挖掘的推荐引擎产品，它为用户推荐有价值的、个性化的信息，提供连接人与信息的新型服务，是国内移动互联网领域成长迅速的产品服务商之一。

今日头条于 2012 年 3 月创建，日活跃用户超过 1.2 亿人次，累积用户超过 6 亿人次，其中，"头条号"平台的账号数量超过 120 万个，"头条号"自媒体账号总量超过 100 万个，与今日头条合作的各类媒体、政府、机构等超过 7 万家。

当用户使用微博、抖音、微信等社交账号登录今日头条时，今日头条能快速通过算法解读用户的阅读兴趣，推荐用户感兴趣的内容。用户每次有交互动作后，今日头条能在 10 秒内更新用户模型，从而越来越懂用户的阅读兴趣，进行精准的阅读内容推荐。

如今，今日头条这样基于算法的智能推荐机制已经应用到很多新媒体应用中，包括抖音、快手、小红书等。而在短视频和直播日益强大的今天，今日头条虽已不再火爆，但影响力依然在，依旧是一些企业和品牌在营销时会重点考虑的。

2.4.3　新闻客户端营销概述

不同新闻客户端的营销方式有所区别，但总体上无非以下几种。

1. 原生广告[1]

在新闻客户端中出现的原生广告，其排版、格式、颜色、字体、图片等会与正文混合，看起来几乎和正文没有什么区别，但是用户看完内容会发现原来是广告。原生广告如图 2-11 所示。

原生广告推销产品或品牌的效果比较好，因为它能够自然地融入内容，而不会影响用户的浏览体验，并且与原有内容融合度高，避免了用户产生持续被打扰的感觉。新闻客户端上提供的原生广告形式非常丰富，如新闻信息流、视频信息流、图文信息流等形式，这些广告具有和正常内容一样的外观和阅读体验，更容易被用户接受。

1　原生广告：一种营销理念，指在各种内容或服务中，模仿原有内容或服务，以推销某个品牌或产品的一种广告形式。与传统的广告比较，原生广告更多地融入了发布内容的语境和外观形式，让消费者无法感知到其是广告。

2. 置顶广告

在新闻客户端中，置顶广告是指置于首页新闻列表的广告，可以理解为 Banner，可以吸引用户的关注并提高点击率，但同时营销费用也较高。

3. 搜索广告

在用户进行关键词搜索时，搜索广告会在搜索结果中显示。这种形式的广告在用户搜索相关内容时效果较佳。

4. 短视频广告

目前新闻客户端大多都设有专门的短视频板块，在短视频板块中，也会有一些视频广告。图 2-12 所示为今日头条的短视频广告。

图 2-11　原生广告

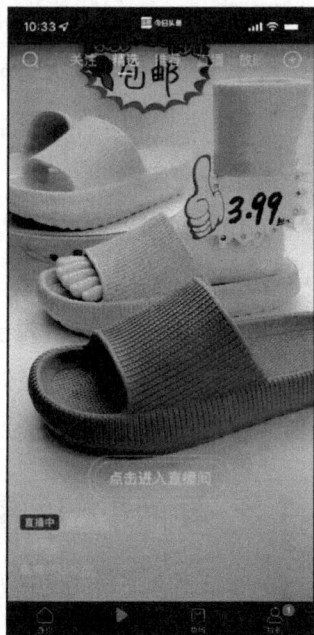

图 2-12　今日头条的短视频广告

5. 文章结尾广告

大多数新闻客户端中，用户打开一篇文章浏览到结尾处，就会看到广告，有些是与文章内容相关的商品推荐，有些类似话题新闻。这类广告一般需要流量主自主选择开通这类服务，获取一定的流量分成。

6. 定制栏目广告

图 2-13 所示为问界汽车在今日头条上定制的栏目广告，用户点进"问界"这一栏，可以看到所有与问界 M9 相关的营销宣传。

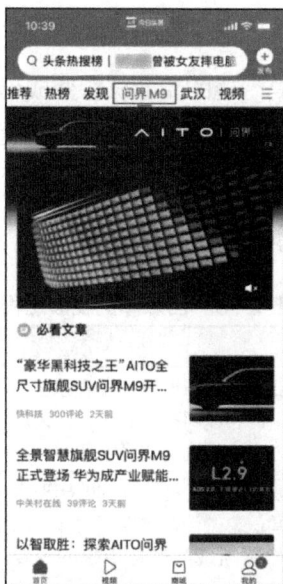

图 2-13　定制栏目广告

定制栏目广告，凭其密集的营销信息和显眼的广告位置，往往能吸引很多用户点击查看，但营销成本较高，对企业的整合营销能力和转化能力也提出了较高要求。

总的来说，广告形式和营销方式随着市场需求和用户习惯的变化在不断演变，所以新闻客户端平台也在不断尝试新的形式和方式。

课堂讨论

安装今日头条新闻客户端，找到一条广告，并做以下分析。

① 该条广告为何投放在此新闻客户端上？

② 该条广告为何会在新闻客户端的这个入口的这个位置上？原因有哪些？

③ 该产品或品牌的目标用户属于哪类人群？

2.5　从自媒体到社群

从自媒体到社群，是信息的聚合和交流方式的逐步深入，也是"人际化"的进步，使信息和群体形成更紧密的联系和互动，更为贴近用户的生活体验。

2.5.1　自媒体：人人都是创作者

自媒体是指个人或者小团队依靠互联网自主创作并发布内容，使用微信公众号、微博、抖音等新媒体平台进行宣传和推广，从而实现自我价值以及盈利的一种模式。

1. 自媒体的发展

新媒体出现后，媒体逐渐从高门槛的专业机构变成越来越多的普通用户可以自己发布信息、传播信息的工具。从论坛、社区到博客，再到微博、微信公众号，以及现在很火的短视频和直播，媒体变得越来越个性化、个人化，每个人自由发言的空间越来越大。

自媒体的发展历程如表 2-6 所示。

表 2-6　自媒体的发展历程

阶段	时间段	代表平台	主要特征	代表人物	关键信息
第一阶段（史前期）	2000—2010 年	博客	专业的作者在博客上发表原创内容，内容以科技、文化、社会评论为主，但商业化尚不普遍	月光、洪波	在 2009 年博客用户达到 1.81 亿人次，博客空间用户超过 3 亿人次
第二阶段（萌芽期）	2011—2014 年	微博、微信等社交媒体	微博、微信等社交媒体的出现为新闻信息的传播提供了载体，自媒体逐渐成为信息传播的主要途径	五岳散人	微信公众号总数已超过 1 000 万，57% 的人表示微信为获取新闻的第一社交媒体
第三阶段（起飞期）	2015—2017 年	社交媒体、新闻客户端等	微信、微博、新闻门户等，官方主动扶持、引导自媒体自主原创内容发展，成熟的自媒体依靠流量获取盈利	同道大叔、回忆专用小马甲	微信开始传递再小的个体都有自己的品牌的概念，并不断开通原创、赞赏等功能，为自媒体开路
第四阶段（繁荣期）	2018 年至今	抖音、快手、小红书、B 站等	主流媒体平台陆续推出自媒体扶持战略，各平台的变现模式已经成熟，"带货"、直播、广告等全方位助力自媒体"达人"变现	罗辑思维、papi 酱、李子柒	papi 酱获得罗辑思维的 1 200 万元投资

2. 自媒体的特点

与传统的媒体模式不同，自媒体没有过高的门槛和过多的限制，个人或团队可以自由地运营自己的账号，进行内容创作、拓展用户，实现变现。自媒体的出现，使普通用户也有了通过网络发表自己的意见、分享自己的创意和知识，以及实现商业成功的渠道，为用户的信息传播和文化创作带来了更为广阔的视野。

3. 自媒体变现

自媒体发展迅猛，逐渐成为新媒体领域一种重要的传播渠道。

自媒体"达人"可以在微信公众号上发布自己的文章，可以在短视频平台创建账号，发布短视频等内容，通过积累粉丝数量和扩大影响力，进而进行品牌合作、广告推广、短视频"带货"、直播等。

课堂讨论

你关注了哪些自媒体账号？这些自媒体账号有哪些吸引你的地方？请重点分析 3 个自媒体账号。

2.5.2　社群：基于同好的线上社区

这里的社群是指一种社交网络上的聚集现象。用户可以通过社群建立人际网络，分享信息，扩大用户规模和社交影响力，同时也可以建立起一种人与人之间的互信机制，更好地推动口碑营销。

常见的社群类型有以下三种。

1. 电商型社群

电商型社群就是以完成电商交易为目标的社群。各个电商平台的商家、实体店铺建立的粉丝群或者会员群，都是电商型社群；有商品资源的人建立的团购群，也是电商型社群。

电商型社群要想获得商业回报，一般需要有目标用户、优质商品、消费 KOL、购买氛围、传播激励。

2. 学习型社群

学习型社群一般是课程运营者建立的，用户为了学习某个领域的知识而购买相关课程，进而加入社群。学习型社群往往配置了丰富的教与学的内容，包括但不限于在线课程、作业练习、社群交流、实践活动等，运营成本相对较高。

3. 人际关系型社群

人际关系型社群建立的初衷往往是利用社群对自身的人际关系进行强化，以实现社群成员之间的资源链接，技能互补。其核心价值就在于群内用户的价值，通过强化社群成员之间的连接，实现群内用户自身的边界拓展。

因此，人际关系型社群的变现条件不在于销售商品或者输出专业知识，而在于筛选出同频的人，做好服务，建立大家需要的价值链接，从而发挥出社群的价值。

2.5.3　社群营销概述

目前，各个新媒体平台基本具备社群功能，例如抖音平台的账号粉丝群、微博平台的"达人粉丝"群等。但目前所说的社群营销，大多针对微信群或企业微信群。相比于其他平台的社群，微信群的信息触达率更高，用户黏性更强。

社群营销是基于相同或相似的兴趣爱好，通过某种载体聚集人气，通过产品或服务满足群体需求而产生的商业形态。社群营销的最终目的是变现，而实现变现的主要方式是"带货"。社群变现通常由社群拉新、社群激活老用户、社群发售、社群团购、社群直播等一系列手段促成。一个经营得好的社群会给所有的群成员带来良好的效益。

不仅是自媒体，任何成功运营社群的企业，都可以通过社群变现，主要是需做到以下几点。

① 依靠专业的优质内容输出形成社群圈层，并建立中心化的信任关系，依靠专业度建立信任感。

② 依靠社交平台沉淀社群关系，确保和积极群成员高频互动。

③ 提供和受众人群属性匹配度高的商品和服务，以实现流量变现。提供的商品和服务要和受众的兴趣、关注点及人群属性有较高的匹配度。

如今，社群和社群经济已得到广泛认可，而自带粉丝光环的自媒体"达人"具有社群化的优势。因此，自媒体"达人"应主动抓住机遇，拥抱社群，打造自己的私域流量[1]池，获得持续的内容生产和变现能力。

课堂讨论

你加入了什么线上社群？其是哪一种类型的社群？请分析这个社群持续存在的原因。

2.6 从微信到企业微信

微信从2011年上线以来，逐渐成为国内以及全球范围内最受欢迎的通信软件之一，积累了庞大的用户基础。随着微信市场化进程的推进和市场竞争的激烈化，微信开始向企业级市场延伸，并在2016年1月正式推出了企业微信。

2.6.1 超级社交载体：微信

清华大学新闻与传播学院教授彭兰在其著作《社会化媒体：理论与实践解析》中指出，微信将人际传播、群体传播、大众传播对等聚合，实现了三者的无缝衔接和全面贯通。

微信为用户提供聊天、朋友圈、微信支付、公众号、小程序、视频号等功能，同时提供城市服务、拦截系统等服务，支持用户间进行跨通信运营商、跨手机操作系统平台的文字、图片、语音、视频等形式的信息传播。它既可以实现点对点的交流，也可以进行分组聊天，实现点对面传播。

微信真正成为"装机必备"的软件，在于45岁以上的人越来越多地开始选择使用微信。时至今日，微信已不仅仅是一款应用产品，它早已渗入用户生活的方方面面，成为一款几乎全民覆盖的国产移动即时通信软件。表2-7所示为微信给人们生活方式带来的改变。

---

1 私域流量：品牌或个人自主拥有的、可反复利用的、能随时触达的流量。私域流量注重引导和运营，需要通过沉淀和积累来获取。

表 2-7　微信带来的生活方式的改变

微信出现之前	微信出现之后
社交场合互换名片	打开微信扫码加好友
过年发送拜年短信	发微信红包
去餐厅使用菜单点餐	微信小程序点餐
网上购物，网银支付	网上购物，微信支付
打电话	微信视频、语音通话
实体店购物支付现金或刷卡	扫描微信付款码支付
拍照发微博、发 QQ 空间	发朋友圈
写文章发论坛	写文章发微信公众号
拍视频发社群	拍视频发视频号

2.6.2　企业微信：从个人到企业

随着微信市场化进程的推进和市场竞争的激烈化，微信开始向企业级市场延伸，并在 2016 年 1 月正式推出了企业微信。

1. 从个人到企业

微信和企业微信是同属于腾讯旗下的即时通信软件，但它们的主要使用场景和功能却有所不同。

微信是一款面向个人用户的通信应用，主要用于个人之间的交流和社交，而企业微信是一款面向企业组织的通信应用，主要用于企业内部的沟通和协作，包括办公自动化、移动办公、考勤打卡、审批流程等功能。企业管理员进行企业微信账号的管理和权限的分配。

相比于微信，企业微信更加注重信息的保密性和安全性，支持加密通信、实名认证、设备管理等多种安全功能。同时，企业微信也提供了更加丰富和定制化的服务和功能，不同企业可以根据自身的需求和情况进行定制化开发和部署。

2. 企业微信的功能

企业微信的功能，可以分为对内和对外两个维度。对内主要是即时通信、组织架构管理、移动办公、考勤管理、数据统计和分析等。与营销相关的功能，属于对外功能维度，主要有以下几点。

● 员工与客户联络。企业微信支持企业内部员工和外部客户之间的聊天沟通，方便企业和客户之间的交流和合作。

● 微信名片。企业微信的"名片"页面会统一显示该微信所在企业，还可以统一绑定企业的视频号，如图 2-14 所示。每一个企业微信账号最多可以承载 10 万名好友，这些累积的好友无疑是企业形象和产品的宣传触点。

图 2-14 企业微信名片

● 批量快速加好友。企业微信无须手动操作即可批量快速加好友，加上好友后可通过后台打标签等功能分类客户，并且设置自动发消息打招呼等。

● 朋友圈。企业微信同样可以发朋友圈，发布的内容展示在客户的朋友圈中，便于直接展示营销信息，激活用户。

● 社群管理。企业微信可以快速建群，并且可实现快速、大量地群发企业信息以统一展示。这对有大量用户微信群的企业来说，省去了很多成本，简单高效。

● 客户关系管理。企业微信与微信公众号、小程序、视频号等功能已打通，而且企业微信提供客户关系管理功能，方便企业与客户进行沟通，提高客户满意度。

2.6.3 企业微信营销概述

由于企业微信的不断优化和完善，现已基本具备个人微信的功能，因此企业微信营销，也是基于微信营销的功能。企业主要通过以下方式完成宣传或售卖产品。

● 一对一私聊。员工用企业微信与客户一对一私聊，促成下单转化，是比较常见的一种方式。不过由于一个企业微信账号往往承载了大量客户，所以私聊相对不常见。

● 社群激活。企业建立企业微信群，在群内不定时发布活动信息或福利产品，刺激客户购买。

● 朋友圈广告。企业微信通过朋友圈持续地宣传企业产品或活动，能够直接带来一定销量，如果注重文案技巧和转化细节，成交转化率将会更高。

● 小程序 / 商城。企业还可以在微信生态内建立企业小程序或者商城，将用户沉淀到店铺内，从而形成长久、持续的购买转化。例如，"秋叶书友会"便是针对秋叶粉丝的微信在线商城，如图 2-15 所示，粉丝可以在这里购买书籍、课程。该商城建立一年以后，便有了部分自然流量，会有粉丝固定在该商城购买商品。

图 2-15 "秋叶书友会"微信在线商城

● 公众号转化。企业员工可以利用企业微信，在朋友圈或者社群转发企业的公众号文章，通过文章的铺垫或"软广"[1]的形式，有时候会比直接的产品推荐获得更好的转化效果。

✿ 课堂讨论

你有在微信生态内买过东西吗？具体是在哪种场景（公众号、朋友圈、小程序、社群、视频号、搜一搜）下购买？请分析你为什么会产生购买行为。

2.7 从 App 到小程序

App 和小程序并不是互相排斥的，它们都为用户提供便捷的服务，如在线购物、预约服务、社交互动等。随着技术的不断发展，App 和小程序之间的功能边界也逐渐模糊。

2.7.1 移动客户端的普及：App

App（Application）一般指应用，即移动客户端，是一种安装在移动设备上的第三

---

1 软广：软性广告，区别于硬性广告，是一种非直接的广告形式，营销性质相对不明显。

方软件，需要从应用商店或官网下载并安装，会占用设备一定的存储空间。部分移动客户端图标如图 2-16 所示。

图 2-16　移动客户端图标

为了弥补手机原始功能的不足，使手机应用更具个性，用户往往会在手机里安装十几个甚至几十个 App，特别是随着智能手机的发展，以往需要用计算机才能完成的网络购物、生活娱乐、浏览资讯等操作，都可以通过手机 App 完成。

App 功能多样，风格、定位也不尽相同。按照功能，App 可分为 10 种，如表 2-8 所示。

表 2-8　移动客户端的 10 种类型

分类	功能	代表 App
效率办公类	帮助用户处理工作相关事宜，使工作更高效	WPS Office、钉钉、企业微信
通信社交类	提供即时通信，帮助用户进行网络社交	微信、QQ、微博
娱乐消遣类	提供娱乐、搞笑的视频、图片或直播，供用户观看	抖音、快手、B 站
视频音乐类	提供视频、音乐内容，供用户获取	网易云音乐、优酷、腾讯视频
生活实用类	实用小工具，旨在为用户的生活提供帮助	天气、日历、手电筒
摄影美图类	可用于拍摄和美化照片或视频	美图秀秀、无他相机
新闻阅读类	提供新闻、小说等文章供用户阅读	搜狐新闻、京东读书
电商购物类	提供在线购物与消费服务	手机淘宝、京东、当当
金融理财类	提供理财等金融服务	支付宝、各大银行 App
旅游出行类	提供在线预订、实时导航等外出可能涉及的服务	高德地图、携程旅行、滴滴出行

2.7.2　应用更方便：小程序

小程序是一种轻量级应用，由微信、支付宝等平台提供。目前，微信平台的小程序应用较为普遍，后文主要介绍微信小程序。

1. 小程序的特点

● 即用即走。

小程序是一种不需要下载、安装即可使用的应用，它实现了触手可及的梦想，用户扫一扫或者搜一下就能打开应用，也实现了用完即走的理念，用户不用安装太多应用，应用随处可用，但又无须安装卸载。当用户需要购买书籍时，无须下载任何购物 App，在微信搜索"当当"并进入小程序，即可在线购买，如图 2-17 所示。

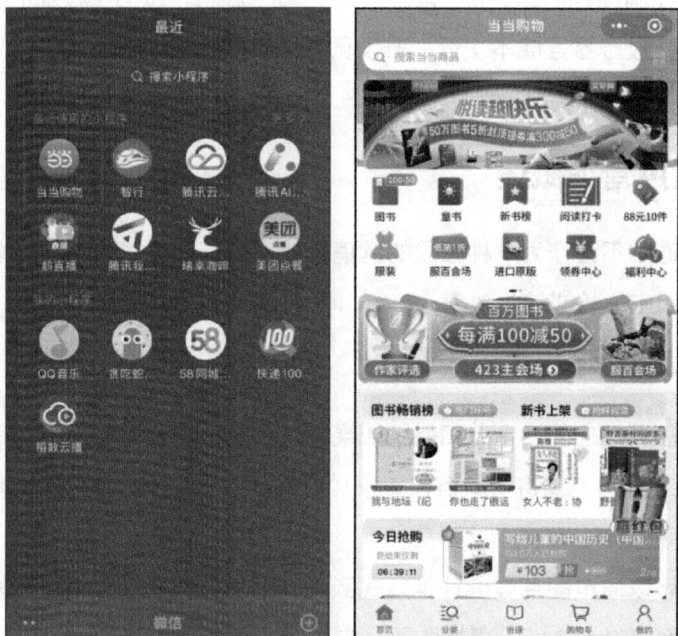

图 2-17　当当小程序页面

● 低成本、高效率。

小程序具有开发成本低、更新便捷、用户体验好等特点，企业通过小程序进行产品推广、营销策划等活动时可大幅降低成本，同时提升推广效果。

● 用户黏性高。

小程序具有入口简单、界面简洁、操作便捷等特点，可以让用户快速地了解和接触企业的产品和服务。同时，小程序的一系列交互设计和互动机制，还可以帮助企业增加用户使用量和黏性，提高用户留存率。

2. 小程序与App

微信小程序与传统的 App 在运行环境、使用体验等方面的不同，如表 2-9 所示。

表 2-9　微信小程序与 App 的区别

	微信小程序	App
运行环境	微信内部，依托微信用户	操作系统内
使用体验	接近原生 App，但局限于微信开放的入口及释放的能力	App 可以实现完整的功能
开发成本	低	高
推广入口	线下小程序码、微信"发现"、附近小程序、公众号等	应用市场、手机厂商、浏览器等
获客成本	可通过小程序码、微信文章等多个渠道传播，借助微信流量，推广成本低	需要引导用户下载注册，操作稍复杂，推广难度大，获取用户成本高
用户留存	可添加到桌面，标注为星标小程序	用户使用频率与手机内存的斗争

不难发现，微信小程序突破了 App 的瓶颈：一方面，用户无须安装多余的 App，有需求时直接打开对应的小程序即可，省时省力；另一方面，微信小程序的固定成本（主要包括认证、域名、服务器等成本）低、开发团队人数可控、开发周期短且拉新步骤简单，因此受到大量企业的青睐。

2.7.3　小程序营销概述

微信小程序通常不会作为一种独立的营销方式出现，其价值多在于：辅助其他新媒体营销方式，提高用户体验或转化效率。

1. 联合公众号提升转化效果

在微信小程序诞生之前，企业和品牌如果通过微信公众号文章引导读者下单，需要在文章里添加一个二维码，或将下单链接置于"阅读原文"，转化步骤略微麻烦，用户随时可能会退出。

微信小程序可以通过图片或卡片等方式嵌入文章，一方面整体设计较美观，保证了阅读体验；另一方面读者点击即可直接购买，文章转化效果大大提升。

2. 联合社群提升体验

微信小程序可以作为社群的运营工具之一，辅助社群运营人员完成日常运营工作。

例如，传统的社群打卡需要由群友将图片或文字发至群内，随后由社群运营人员进行手动统计；而借助微信小程序"鲸打卡"，用户可以直接点击进入微信小程序完成打卡，且系统自动完成打卡统计，大大提高了社群运营效率。

3. 营造品牌形象

微信小程序可以作为企业展示自身品牌、文化和价值的一个重要平台，企业可以通过界面设计、交互设计等多种方式来呈现品牌形象。此外，企业还可以通过小程序展示产品、服务、用户评价等信息，凸显企业的实力和品质。

4．直接提高销售量

微信小程序可以嵌入支付系统，为企业提供便捷的购物流程和支付方式。同时，企业可以通过微信小程序开展新品推广、促销活动并发放优惠券等，吸引用户关注和购买。

例如，一家餐饮企业可以通过微信小程序推广自己的菜品和服务，通过微信小程序提供在线点餐、预约订座、活动优惠等服务，吸引用户前来消费。此外，企业还可以通过微信小程序商城上架商品，吸引用户购买或观看店铺直播，增加用户黏性和忠诚度。

通过不断完善微信小程序的信息和用户互动体验，企业可逐步提高自身的影响力和市场竞争力。

课堂讨论

打开你的微信，看一下你最近常用的小程序有哪些，并分析为什么使用的是小程序而不是对应 App。

2.8 从视频网站到抖音

相关数据显示，未来个人消费者网络流量的绝大部分都会用于视频。根据视频播放时间的长短，视频可分为长视频和短视频。

2.8.1 视频网站：长视频的普及

视频网站是指可以让互联网用户在线流畅发布、浏览和分享视频作品的网络媒体。视频网站的视频一般以长视频为主。长视频一般指超过半个小时的视频，区别于众多视频分享网站主打的短视频，长视频有较为固定的时长，主要由专业公司完成内容制作，其视频版权归属有严格规定。

我国视频网站的发展可以分为表 2-10 所示的几个阶段。

表 2-10　我国视频网站的发展阶段

	特点	代表
第一阶段： 2005—2009 年	模仿 YouTube 模式，提供视频上传和观看服务； 大量的用户通过网络来分享其自制的视频或者搬运外国视频； 网站用户呈爆发式增长，同时也受到了很多挑战，如文件传输速度、视频的版权限制以及广告商的问题等	酷 6 网、爆米花网、暴风影音、PPLive、PPS 影音、优酷、土豆、乐视网
第二阶段： 2010—2014 年	转型打造自有内容，开始进行版权购买与维护； 竞争日趋激烈，爱奇艺和腾讯视频逐渐成为行业龙头	爱奇艺、腾讯视频
第三阶段： 2015 年至今	多元化业务拓展，转型成娱乐生态平台，加强跨界合作； 视频网站逐渐涉及电视剧、电影、综艺、动画等多种形式的娱乐内容，还开展了广告、游戏、音乐直播等多种活动	芒果 TV、B 站

课堂讨论

你最喜欢哪个视频网站？其哪里吸引你？请分析一下原因。

2.8.2 抖音：流行的短视频平台

短视频一般指时长在 5 分钟以内的视频。早期短视频时长限制在 15 秒，后逐渐放开限制。

2016 年被称为"短视频元年"，在接下来的几年时间里，短视频发展迅速，互联网巨头纷纷布局短视频市场。抖音、快手、B 站、视频号、小红书等逐渐显露头角，其中各项数据都说明，抖音是近几年比较流行的平台，这与抖音平台的以下特点密不可分。

1. 精准的算法推荐

抖音延用今日头条的算法推荐机制，为视频内容做分类，贴标签，根据用户特征和喜好，持续为用户推荐喜欢的内容。用户在抖音界面内，通过在屏幕上上下滑动手指来更换视频，而用户"刷"到的视频又多是根据用户的喜好推荐的，这种懒人式交互大大地提升了用户黏性。

2. 沉浸式用户体验

由于精准的算法推荐和全屏式的"刷"视频模式，用户的注意力很容易被头部账号的优质内容吸引，中心化进一步加剧，这也营造了一种沉浸式体验，使很多用户沉浸其中。

3. 泛娱乐化内容

抖音上线初期，标签是潮、酷、时尚，确定了抖音年轻、时尚的风格。这个定位让抖音在初期吸引了大量一、二线城市的年轻人。受定位的影响，音乐、舞蹈、搞笑段子等泛娱乐化的内容在抖音平台上比较受欢迎，促使创作者在创作短视频时向轻松、娱乐的方向靠拢。

4. 互动性强

抖音会定期推出不同的视频标签、视频特效、话题活动等，引导用户积极参与，这大大激发了用户的创作灵感，而用户发布视频后带有的特效和话题提示会带动其他用户参与，由此形成全平台用户共同参与同一主题的视频创作氛围。

2.8.3　短视频营销概述

短视频营销以企业和品牌方为营销主体、以短视频为表现形式，将特定的营销活动内容通过短视频平台推送给特定的短视频用户，从而达到某种营销效果。总的来说，短视频营销呈现出以下特点。

1. 营销方式更加灵活

短视频营销填补了传统的以图文传播为主的新媒体平台短板。企业和品牌在短视频平台开展营销活动有多种方式可以选择，例如：投放平台信息流广告；通过一系列措施进行平台关于品牌或具体产品的 SEO[1]；发起平台活动吸引用户参与；和平台短视频"达人"合作进行营销推广；建立品牌自身的短视频账号矩阵，发布优质内容积累粉丝，触达更多用户。

2. 基于算法的精准营销

一方面，企业会有针对性地选择符合用户画像特征的潜在用户群体进行投放营销短视频，一般会细化到用户的性别、所在区域、年龄、爱好等属性特征。另一方面，平台会依据营销视频的内容特征将其推荐给可能感兴趣的用户。总的来说，对比传统营销以及其他营销形式，短视频营销的用户更加精准。

3. 多种互动形式

企业和品牌在短视频平台开展营销活动，有以下几种形式可以激励用户参与。

● 以有奖话题形式激励用户参与。用户在发布视频时带上营销话题或@品牌账号，就有可能获得品牌提供的奖励。

● 品牌与艺人合作发布视频，再引导用户参与合拍，进行二次创作。借助艺人的人气，吸引用户主动参与创作，从而扩大营销影响力。

● 以带定位"集赞"的形式给予用户一定的商品折扣。例如，某些线下实体店铺可以以价格折扣激励用户拍摄关于店铺商品的短视频发布在短视频平台，并带上店铺位置，@店铺账号。

● 以原创短视频特效和原创 BGM[2] 的形式吸引用户参与创作。例如，2021 年夏天，蜜雪冰城的主题曲风靡一时，成为当时短视频平台脍炙人口的 BGM，大量用户用蜜雪冰城主题曲拍摄视频，为蜜雪冰城带来了极大的品牌曝光量。

1　SEO：Search Engine Optimization，即搜索引擎优化，指企业或品牌利用搜索引擎的规则提高产品在有关搜索引擎内的自然排名。

2　BGM：网络用语，多指视频的背景音乐。

4. 营销效果更加显著

短视频平台占据了绝大多数用户的日常娱乐休闲时间，也是目前的媒体软件中用户基数较大的一类平台。基于这样的用户基数，短视频平台的营销数据大多会优于其他平台。

正所谓"用户在哪里，哪里就有市场"，正因为短视频平台的用户基数大，短视频平台也成为近几年企业和品牌的营销平台首选。再加上短视频营销有着营销方式更加灵活、用户更加精准、用户参与度更高等特点，所以其营销效果自然也更加显著。

课堂练习

你在抖音、快手、视频号、B站等平台发布过短视频吗？数据怎样？请分析原因。

2.9 从豆瓣到小红书

豆瓣和小红书都是社交平台和兴趣社区，致力于让用户分享自己的兴趣爱好和生活经验，某种程度上有一定相似之处。两者不存在替代与被替代，各有特色和固定的用户群体。

2.9.1 豆瓣：基于小组的内容社区

豆瓣起初是一个社区网站论坛，创办于2005年，后也发展了App，有较为固定的用户群体。豆瓣主页面如图2-18所示。

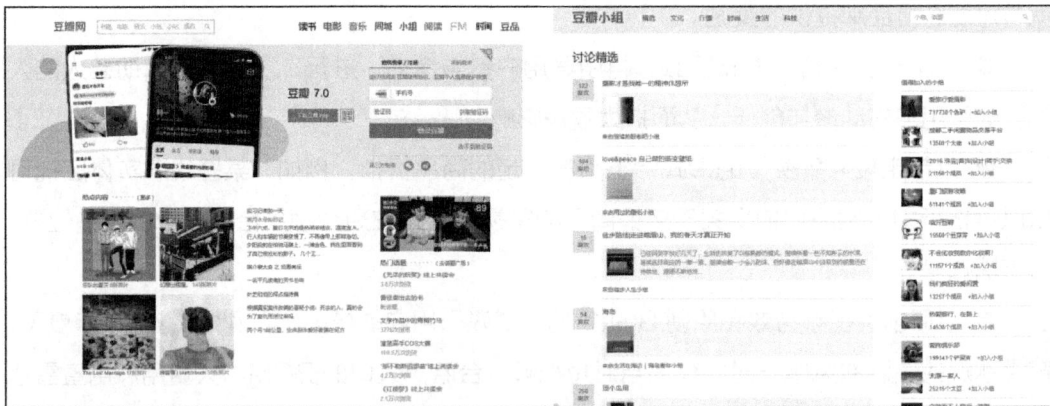

图2-18　豆瓣主页面

1. 豆瓣的特点

● 书影音。豆瓣以"书影音"起家，即书籍、电影、音乐。用户喜欢在豆瓣讨论一本书，撰写书评，或讨论一部电影，发表影评等。豆瓣也因此被称为"文艺青年栖息地"。如今，"豆瓣评分"也被用户认为是能衡量一本书或一部电视剧、电影等文化产品好与不好的依据。

● 用户共创。豆瓣的 UGC[1] 也是一大特色，即用户生成内容。豆瓣作为文艺青年的聚集地，大量有创作激情的用户在豆瓣上积极进行内容输出，包括音乐、电影、书籍、美食、旅行等相关的内容。这些有一定深度和人文情怀的文字也赋予了豆瓣独特的社区氛围。

● 同城。豆瓣的"同城"功能提供各种类型的线下活动信息，包括展览、音乐会、电影放映、讲座、聚会等。还有用户在上面发布租房信息、同城招聘等。豆瓣俨然已经成为一个同城交互线上社区。

● 小组。豆瓣的"小组"功能基于各种兴趣的小组交流，用户可以根据自己的兴趣加入相应的小组，在小组内发布讨论帖、分享信息、交流经验等。用户可以通过参与同城活动和小组讨论结识新朋友，拓展社交圈，发现新的兴趣点。

2. 豆瓣的盈利模式

豆瓣的盈利模式主要包括以下方面。

● 广告收入：豆瓣通过展示有针对性的广告来获取收入。

● 事件推广：豆瓣会赞助类似文化活动、音乐会和电影节之类的活动，并在这些活动中展示自己的标志，以推广平台形象，并且为平台提供收入来源。

● 电影、音乐、图书等商品销售的分佣：豆瓣与一些电影院、唱片公司和出版商建立了合作关系，宣传与推广其制作的独立电影、音乐、图书出版物等，然后以销售额的一定比例获得收入。

● 数据营销：豆瓣作为一个数据收集公司，可以从其用户的行为和偏好数据中获取一定的"数据建议"营销费。

在如今瞬息万变的市场环境中，豆瓣坚守着自己的一片天地，在短视频和娱乐化信息的刺激下，深度阅读和慢阅读不再具备优势，豆瓣也在探索属于自己的、稳定的盈利模式，以期更进一步地实现商业变现。

2.9.2　小红书：图文重新崛起

2017 年以后，短视频逐渐火热，用户大量的时间都花在看短视频上，像豆瓣、知乎、今日头条、微博之类的图文平台逐渐失去优势。

但小红书的崛起，使图文这一内容形式有了新的天地，以至于抖音、快手等平台也开始逐渐重视图文板块。图 2-19 所示为小红书的浏览界面。

1　UGC：User Generated Content，即用户生成内容。UGC 的概念最早起源于互联网领域，即用户将自己原创的内容通过互联网平台进行展示或者提供给其他用户。

图2-19　小红书的浏览界面

1. 小红书特点

对比其他平台，小红书平台有以下特点。

① 以美妆和穿搭为特色内容。

早期，小红书平台上美妆、穿搭等方面的内容分享占据较大比例，久而久之，美妆和穿搭成为小红书的特色内容，用户会习惯性地去小红书平台搜索美妆和穿搭方面的笔记。如今，小红书平台上的内容分享逐渐多样化，平台内容包含美妆、运动、旅游、家居、酒店等触及消费经验和生活方式的众多方面，但美妆和穿搭仍是其主要内容。

② 以女性用户为主导。

正因为小红书平台上的美妆和穿搭内容占比较大，所以女性用户在小红书平台占比较大，而在"女性经济"作用下，小红书也成为美妆、服饰等时尚品类品牌获取年轻女性用户关注的必争之地。

③ "种草"氛围浓厚。

很多用户在购买某类商品前，会去小红书平台搜索和查询，看其他用户的评价和笔记，从而做出选择。小红书平台已经形成了浓厚的"种草"氛围，用户会自发在小红书平台上分享好物，也会被其他用户的"种草"和推荐所影响而购买商品。

④ 图文式笔记攻略受欢迎。

图文笔记和生活攻略内容也是小红书一大特色，其图文的流量甚至超过短视频，这也使抖音、快手等平台开始发力图文板块。

2. 小红书用户群体

千瓜数据发布的相关数据显示，小红书平台的活跃用户呈现出表 2-11 所示的特点。

表 2-11　小红书平台活跃用户的特点

属性	特点
所在城市	用户主要集中在北上广等一线城市，城市女性白领是小红书的主要用户群体
用户年龄	18 ～ 24 岁用户占比较高，18 ～ 35 岁用户占比超过 80%
用户性别	女性用户占比超过 90%。在"女性经济"的驱动下，小红书成为很多美妆品牌、服饰品牌和时尚品牌的营销首选
消费偏好	用户关注的热点问题占比从大到小依次为彩妆、护肤、穿搭、饮食、摄影、健身等；用户具有较强的消费能力，并有相应的消费需求，追求高品质的生活

2.9.3　小红书营销概述

如何宣传一个新品牌？在营销界有一句传言是：

先在小红书上发布 5 000 篇 KOC 笔记，再在知乎上发布 2 000 篇问答，然后搞定现象级头部主播顺势涉及中腰部主播，最后借助声势迅速全渠道宣发，一个新品牌基本就有了雏形。

这虽然有夸张的成分，但是也得到过实践的验证，一定程度上得到了营销界的认可。

通过这个传言可以看出，小红书在品牌营销和"种草"产品方面有着重要作用。尤其是近几年，小红书已经成为品牌营销的"新宠"，主要原因在于以下几点。

● 巨大用户群体。小红书平台拥有海量的用户，约有 3 亿以上的注册用户，其中 80% 以上的用户年龄在 18 ～ 35 岁，这个群体的消费水平高、消费能力强。这使得小红书成为品牌进行目标用户定位的绝佳平台之一。

● 海量的 KOC。现在用户更愿意相信商业性质还没有那么强的 KOC，而在小红书平台，有大量的垂类[1]KOC，他们的粉丝量虽然只有几千个或者几万个，但通过口碑传播的效应，更能赢得用户信赖。

● 多样化的内容适合品牌宣传。小红书平台的内容涉的领域较广，基本上覆盖了时尚、美妆、生活、旅游、美食、文化等领域，这为品牌在平台上塑造自身的形象、宣传产品提供了非常多的可能。同时，小红书上的内容也是以图文结合的方式展示的，图片质量很高，为品牌提供了非常好的视觉展示效果，十分有吸引力。

● 重视用户体验：小红书平台每天会产生大量的好物推荐笔记，同时也会有很多用户进行商品测评，这大大提高了用户对商品的购买意愿和信任度。在品牌合作方面，小红

1　垂类：互联网行业术语，指垂直领域，在内容平台中一般指某一细分内容类别，如美食类、汽车类、美妆类等。垂类意味着内容要足够垂直，要与赛道和领域相匹配，持续发布同一类型作品。

书也非常注重产品和用户的匹配度，为用户和品牌打造了一个良好的互惠互利的购物和体验环境。

2.10 从数字电视到直播

直播的前身是数字电视的直播购物。从数字电视到直播，是新媒体史上一大突破性变革。直播的普及，使得用户的娱乐方式和消费方式都发生了较大变化。

2.10.1 早期电视购物：数字电视

自 20 世纪 90 年代以来，随着计算机信息技术与数字化技术的发展，传统的广播电视行业进入了数字化发展的新阶段。从显像技术上看，电视经历了从黑白到彩色的发展过程；从成像技术上看，电视经历了从模拟信号到数字信号的转变。

数字电视是一个面向用户的数字处理系统，涵盖了从电视节目的采集到电视节目的制作与传输等多个环节。我国自 1999 年 10 月 1 日起开始试播高清晰度电视（HDTV），自 2012 年 1 月 1 日起开始试播立体电视。

数字电视的产生是电视技术革命性的变化，它不仅仅是传统广播电视的数字化，究其本质，数字电视与数字通信基本一样，它们都是以数字化的形式对信息进行传递。在当前的发展过程中，数字电视引领了多产业链的同步发展，数字电视与传统广播电视在交互上的区别如表 2-12 所示。

表 2-12 数字电视与传统广播电视在交互上的区别

项目	数字电视	传统广播电视
图像质量	图像质量高	传输接收信号有衰减
节目容量	节目容量大	容量有限
是否支持点播	支持	否，只能换台
是否支持回看	支持	不支持
是否支持快进	支持	不支持
是否支持在线交互	是，可拓展多种交互场景	不支持
是否支持数字游戏	支持	不支持

数字电视具有图像清晰、无噪声、无重影、多媒体、可以点播等特点，能让用户看到更多、更丰富的节目资源，受到了广大用户的欢迎，所以很多人把数字电视看作家庭互联网中心的入口平台，并对其寄予厚望。例如，小米、乐视等互联网企业就推出了数字电视。

2.10.2　直播：电商新流量

如今，直播大多指网络直播，是指在现场随着事件的发生、发展进程同步制作和发布信息，具有双向流通过程的网络信息发布方式，如淘宝直播、抖音直播、视频号直播等。

1. 直播的特点

直播显著的特征，即"即时事件"和"直达用户"。主播和用户几乎在同一时间进行及时的互动，用户可以通过计算机或手机与其他用户一起观看某一景况的实时呈现，这种实时参与和互动的感觉，赢得了很多用户的喜爱。

网络直播与传统直播相比，具有以下 3 个优势。

● 发布快捷。

便携式移动通信设备提供了能够随时随地对周边转瞬即逝的事件进行直播的便利条件，主播第一时间进行直播，用户也能第一时间观看直播动态。

● 双向互动强。

在直播过程中，用户不再只是单纯的信息接收者，用户可以发布即时评论，也可进行留言，与主播进行互动，双方可在线讨论同一事件。

● 直播趣味化。

主播在直播的过程中可以利用不同的直播功能，如抽奖、滤镜、变声、提问等增加直播的趣味性，也可在直播中加入一些情节，让直播变得生动有趣。

2. 直播的演变

中投顾问在《2016—2020 中国网络直播行业深度调研及投资前景预测报告》中提出，互联网直播行业的发展历程分为 5 个阶段，如表 2-13 所示。

表 2-13　中国互联网直播行业发展的 5 个阶段

阶段	直播形式	直播内容	代表平台或形式
1.0 时代 （2005—2007 年）	秀场直播	以歌舞表演为主	9158、六间房、YY
2.0 时代 （2008—2014 年）	游戏直播	游戏赛事； 实时游戏直播	虎牙直播、斗鱼直播、战旗 TV
3.0 时代 （2015 年起）	泛娱乐"直播 +"	各行各业资源融入直播	"直播 + 教育"； "直播 + 医疗"
4.0 时代 （2016—2018 年）	电商直播	电商产品销售	淘宝直播、抖音直播
5.0 时代 （2019 年至今）	VR[1]+ 直播	虚拟现实与直播结合	2019 年春节，央视春晚采用"5G+ VR"进行实时直播

1　VR：Virtual Reality，虚拟现实，是 20 世纪发展起来的一项全新的实用技术。其利用计算机模拟产生一个三维空间的虚拟世界，提供给用户关于视觉等感官的模拟体验，让用户感觉仿佛身临其境，使用户可以即时、没有限制地观察三维空间内的事物。

3. 直播的类型

根据直播内容的区别，可将直播分为六大类型，即电商型直播、教学型直播、才艺型直播、商务型直播、生活型直播和游戏型直播，如表 2-14 所示。

表 2-14 直播的六大类型

类型	直播目的	主要变现方式	对应模式	代表平台
电商型直播	营销、"带货"	出场费、销售佣金	电视购物	淘宝直播、京东直播、快手直播、拼多多直播
教学型直播	教学	课酬、销售提成、出场费	电视大学	小鹅通、瞩目、鲸打卡
才艺型直播	娱乐	打赏分成、广告植入	电视综艺	YY、快手直播、抖音直播
商务型直播	会议	不以营利为目的	视频会议	钉钉直播、企业微信直播
生活型直播	分享	打赏分成、广告植入	朋友圈小视频	微博直播、QQ 空间直播
游戏型直播	解说	平台流量分成、打赏分成、广告植入	体育直播	虎牙直播、斗鱼直播

2.10.3 直播营销概述

直播营销是随着直播的发展而出现的一种新的营销方式，指主播通过网络平台，以实时在线直播的形式，向观众展示和推荐商品，从而达到营销目的，完成交易。现在常说的直播营销，多指区别于电视直播的网络直播营销。

2020 年 6 月 18 日,格力集团董事长董明珠携手线下 3 万家门店,与世界冠军邓亚萍、中科院地球环境研究所的人员等嘉宾一起，通过直播，向用户展示了格力的口罩、芯片工厂的科技研发实力，当天直播的累计销售额高达 102.7 亿元，创下了家电行业的直播销售纪录。董明珠直播带货画面如图 2-20 所示。

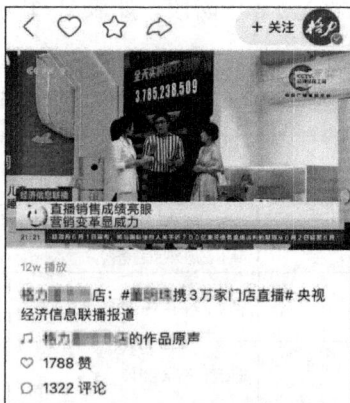

图 2-20 董明珠直播带货画面

直播营销的本质是电视购物广告的移植版本。

与电视购物广告相比，直播营销是新媒体营销人员在不同的时代背景下，借用不同的传播工具进行的同样表达，其本质和逻辑是一样的，都是主播竭尽全力与用户沟通，在特定的环境中展示产品的卖点，以达到成交的目的。不同的是，传统电视购物节目中，主播与观众很难即时互动，传播与购买行为分置，销售转化率自然也不及直播营销。

你在直播间购买过商品吗？是在什么情况下购买的？请阐述一下购买体验。

2.11　从淘宝到抖音小店

过去，用户网上购物大概率在淘宝或京东，而今天，很多用户习惯在抖音小店买东西。从淘宝到抖音小店，我国的电商市场经历了不断的变革与创新。

2.11.1　电子商务平台：淘宝

淘宝是中国最早的电子商务（以下简称"电商"）平台之一，成立于 2003 年，通过自由开店和一些市场活动来吸引卖家和买家，创造了一个开放式的线上交易市场。

在过去的二十年间，淘宝不断地迭代升级，推出了多个版本，也不断地加大对假货和交易纠纷的治理力度。淘宝目前已成为中国最大的电商平台之一，拥有庞大的用户数量和海量的商品资源。

1. 淘宝的特点

淘宝作为我国电商平台的巨头，其成功离不开以下几点。

● 开放式的交易市场。

淘宝在创立之初就采取了开放的策略，任何人都可以通过自己的账号开店，创造了一个自由、开放的交易市场。这种开放式的交易模式吸引了大量的卖家和买家，极大地扩大了平台用户规模。

● 信用评价制度。

早在 2004 年，淘宝就实施了信用评价制度，对卖家和买家的每一笔交易进行评价和记录。这种制度对提高交易安全和卖家信誉度有着重要的意义，也让用户更加有信心购买商品。

● 假货和交易纠纷处理机制。

淘宝采取了严格的假货和交易纠纷处理机制，对假货和欺诈等行为保持零容忍态度，从根本上保证了平台交易的公正性和诚信性。

● 大量的资源和技术投入。

淘宝一直致力于提升用户体验和平台效率，不断投入大量的资源和技术进行升级和改的品牌来说，如何保证各个渠道的价格保持相对平衡，不影响其他平台的销量和用户体验也是需要考虑的。如果用户发现在淘宝旗舰店购买商品远远没有在抖音直播间购买便宜，那么用户的感受就不会太好。

对于这一情况，品牌有两种做法：一种是专门生产只供直播间的商品，不和其他渠道的商品产生价格冲突；另一种是使抖音平台上的价格和其他渠道基本保持一致，但是在抖音直播间设置部分福利，如满减、领取优惠券或送运费险之类等。

课堂练习

请对比一下抖音小店和淘宝，说一下各自的优缺点。

2.12　从搜索引擎到人工智能

2022 年年底，ChatGPT 横空出世，以 AI 问答为代表的人工智能迈入新阶段。从搜索引擎到人工智能，是信息搜索技术的提升，是知识的高度整合和内容生成的一大跨越。

搜索引擎也将引入人工智能技术实现新的突破，以 ChatGPT 为代表的人工智能技术也会不断带来新的惊喜，一定程度上来说，两者共同发展。

2.12.1　信息检索与问答：搜索引擎

我国的搜索引擎出现于 20 世纪末，1998 年 2 月，首家大型分类查询搜索引擎——搜狐正式诞生。2001 年 8 月，百度上线独立搜索服务，开启了中文搜索的新时代。

1. 基本概念

狭义的搜索引擎（Search Engine）是指根据一定的策略、运用特定的计算机程序从互联网上采集信息，在对信息进行组织和处理后，为用户提供检索服务，将检索的相关信息展示给用户的系统。

广义的搜索引擎是指提供搜索服务的网络平台，除了专门的搜索引擎网站，带有搜索功能的其他综合性或垂直性网站也是搜索引擎。将"搜索引擎"这一概念放到新媒体广告传播的语境中进行讨论时，通常采用广义上的概念。

例如，用户可以在购物网站淘宝平台中搜索商品，了解商品信息，筛选出自身需要的商品；可以在生活服务平台美团上搜索附近的餐厅，寻找合适的就餐地点；可以在电影互联网平台猫眼上搜索最近上映的电影，完成购票和选座；可以在音乐软件酷狗上搜索想听的音乐，享受美妙的音乐。

2. 搜索引擎的类型

按照搜索引擎平台进行分类,搜索引擎可分为五大类型,如表 2-15 所示。

表 2-15　搜索引擎的类型

类型	定义 / 特点	案例	图片示例
网站类搜索引擎	提供搜索服务的网站,几乎所有门户网站都提供搜索服务	hao123 搜狗搜索 搜狐	
内容类搜索引擎	利用碎片信息处理技术,通过优质的内容传播,引发用户对搜索引擎的关注	百度 抖音 小红书	
商品类搜索引擎	提供搜索服务的购物软件	淘宝 京东 拼多多	
关系类搜索引擎	提供关系数据的网站。这类网站多为垂直性网站,只针对某类关系提供搜索服务	天眼查 企查查	
社交类搜索引擎	提供搜索服务的社交软件	微信 QQ	

2.12.2　信息整合与创作:人工智能

人工智能即 AI(Artificial Intelligence),其概念最早出现在 20 世纪 50 年代,其起源可以追溯到对计算机如何模拟人的思考进行的研究。随着计算机硬件的不断升级和算法的改进,人工智能技术得到了快速的发展,在机器人领域、人机交互领域、金融领域、医疗领域等都有一定的典型应用。

本书所介绍的人工智能,主要针对 AI 问答和内容创作领域。

1. AI创作工具

到 2023 年，很多 AI 技术工具（简称"AI 工具"）相继面向大众，包括 OpenAI 开发的 ChatGPT、百度的文心一言、AI 绘画工具 Midjourney 等。用户通过文本输入，提出指令要求，AI 工具产出答案或生成内容。

例如，在某 AI 工具上提问"怎样在小红书上快速'吸粉'"，得到了图 2-24 所示的答案。

这个答案虽然不够具体，但条理清晰，总结到位。并且，用户还可以在这个答案的基础上要求 AI 工具继续展开回答，便可以得到更具体的方法。这样的 AI 工具给出的答案，已经胜任了很多搜索引擎上能够找到的答案，并且快速便捷。

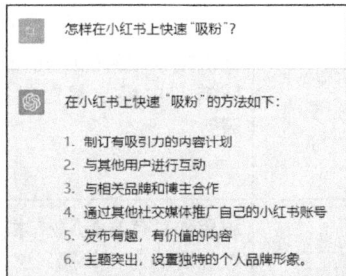

图 2-24　对 AI 工具进行提问得到的答案

又如，运用某 AI 工具，提出一个撰写一则宣传比亚迪汽车脚本的需求，得到了表 2-16 所示的答案。

表 2-16　AI 工具生成的部分脚本文案

场景	镜头描述	人物	字幕	时长
起始场景	情景交错，展示快节奏的城市生活	无	无	5 秒
场景 1	繁忙的市区街道上，比亚迪新品汽车从拥堵的车流中驶出	主角（男性）	主角开车一路穿梭，在拥堵的街道上轻松驾驶比亚迪新品汽车	3 秒
		旁白	驾驶比亚迪新品汽车，你可以畅享城市生活的便捷和舒适，轻松穿梭于繁忙的街道之间	
场景 2	比亚迪新品汽车停在一处风景秀丽的海边	主角（女性）	啊！这里太美了！我好想在沙滩上散步	5 秒
		旁白	主角选择开着比亚迪新品汽车来到海边，传达出新车在自然环境中自由出行的愉悦感受	
场景 3	主角打开比亚迪新品汽车的全景天窗，欣赏星空	主角（女性）	看，天上的星星好漂亮啊	3 秒
		旁白	主角展示比亚迪新品汽车的全景天窗，加强对车内空间以及舒适度的体验感，触发用户对车辆功能的兴趣	

图 2-23 所示的是针对产品的硬广型视频脚本，包含了人物、镜头、拍摄场景，以及台词等，基本上可以满足创作者的脚本需求。只要要求够具体，AI 工具输出的脚本就更符合预期，甚至并不比人工策划的差，且省时省力。

2. AI问答：ChatGPT

ChatGPT 是美国 OpenAI 公司推出的一款人工智能技术驱动的自然语言处理工具，拥有语言理解和文本生成能力，它可以连接大量的语料库来训练模型，因此具备上知天文、下知地理，以及根据上下文进行互动的能力，能做到与人类几乎无异的交流。

在众多 AI 工具中，ChatGPT 无疑是 AI 界的"王炸"产品，一经面世便引得业内外热议，上线短短两个月用户数量便突破两亿人次，日活跃用户突破一亿人次。

伴随着版本的不断升级，其功能也逐渐丰富，ChatGPT 不仅能撰写邮件、诗歌、文案、小说等，还能翻译、写代码、写论文等。只要用户的提问足够详细，且不断进行细化提问，ChatGPT 就能给出满意的答案，并且速度极快。

3. 搜索引擎与ChatGPT

根据上面的功能介绍，ChatGPT 好像跟搜索引擎差不多，都是用户提问、搜索寻找答案的过程。

但其实并不是，ChatGPT 与搜索引擎最大的区别在于，搜索引擎只能基于网络上收录的已有信息来呈现答案，但是 ChatGPT 之类的 AI 工具却能根据网络信息进行重新组合加工并生成新的内容，不同用户哪怕提出同样的问题和需求，得到的答案也可能是不同的，并且答案的呈现支持不同的形式，如图表、代码、markdown 等。

在这些基础上，ChatGPT 结合其他 AI 工具，还能完成绘画、真人照片、PPT、短视频等形式的内容。按照目前的发展速度，ChatGPT 未来有无限可能。

4. 未来的AI营销

AI 工具作为新媒体工具的一种，目前处于起步阶段，还没有被应用于营销，但其商业价值和用户流量已经被各方资本所重估，用于营销是迟早的事，至于是在提问页面引入 Banner，或是在对话框之间插入信息流广告，还是在答案中引入软文，一切都皆有可能。

2.12.3　搜索引擎营销概述

AI 的发展并不影响搜索引擎的进步，相反还为搜索引擎注入新的活力，搜索引擎营销也一直是品牌商家的营销必争之地。

常见的搜索引擎有谷歌、百度、搜狗、360 等，投放在这些搜索引擎平台上的广告，被统称为搜索引擎广告。

如今，当用户想了解某一事物的相关信息时，可能第一反应就是打开搜索引擎进行相关搜索，但搜索引擎给出的搜索结果有排列顺序的差异，排在前面的信息，自然更容易被用户看到。例如，当用户在百度上搜索"零食"时，排在第一位的就是 1688 网站上关于零食的信息，如图 2-25 所示。

PART 03

第三章
新媒体广告投放载体

学习目标

➤ 掌握新媒体广告的计费方式。

➤ 了解新媒体广告的投放步骤。

➤ 了解不同新媒体平台的广告投放要点。

素养目标

➤ 自觉遵循广告法，坚持广告内容的积极向上，坚持正确的价值观导向。

➤ 广告内容设计要贴近生活，尊重现实，尊重人民首创精神，始终接受人民批评和监督。

广告产业作为以媒体为依托的一种产业形式，其发展是与媒体传播息息相关的。新媒体技术的飞速发展，让广告投放的形式和方式变得更加复杂和多样化。如何在众多的新媒体中选择最合适的广告投放平台，成为企业和品牌在营销时的关键抉择之一。

针对这一问题，本章将从新媒体广告投放载体的角度进行探讨，介绍新媒体广告投放的常见载体和投放策略，帮助大家在众多的广告投放选择中找到最优解。

3.1 新媒体广告综述

所有在新媒体平台上投放的广告都可以称为新媒体广告。新媒体平台的不断涌现为广告主提供了直接向用户传播信息的新渠道，社交化传播效应又可以让新媒体广告效应得以扩大。

3.1.1 新媒体广告的三种计费模式

新媒体广告主要的计费模式有三种。

1. CPM——按浏览量计费

一般而言，评判广告浏览量的指标为每千人印象成本（Cost Per Mille，CPM）。CPM 是指每千人浏览广告的成本，即以广告被播映 1 000 次为基准进行收费，如广告主购买 20 个 CPM，意味着所投放的广告可以被播映 20 000 次。以这种方式计算广告费用的模式，被称为 CPM 广告计费模式。

网页 Banner，即网页上的横幅广告，通常会采用 CPM 广告计费模式，如图 3-1 所示。

图 3-1　网页 Banner

CPM 广告计费模式是目前比较流行的新媒体广告投放计费模式之一，可以有效地提高广告的曝光率。这种模式既有优点，也有缺点。

（1）优点

● 呈现方式灵活。采取 CPM 广告计费模式收费的新媒体平台，往往能够提供富媒体广告，广告形式包括动画、音频、视频等，能为浏览者带来更高层次的视觉接触。

● 便于广告主对广告内容进行控制。品牌意识强的广告主采用 CPM 广告计费模式，能够保证其对广告内容有最大的控制权，广告内容的主导权掌握在广告主手上。

● 便于对广告进行数据分析。利用 CPM 广告计费模式投放广告，可将广告的浏览量与广告费用挂钩，能够非常直观地展示广告的浏览量及相关数据。

（2）缺点

● 投放效果无法保证。广告投放平台有可能不顾及展示效果，刻意追求浏览量。例如，某些平台可能会在文章阅读或视频播放的中途弹出广告，强制用户浏览，这极有可能引起用户反感。

● 投放成本较高。CPM 广告计费模式不以最后的转化率为付费依据，新媒体广告人员使用这种广告计费模式来获取用户，一般会比使用其他广告计费模式的花费更高。

2. CPC——按点击量计费

用户在使用一些网站浏览新闻、阅读小说或观看视频时，网站界面上可能会穿插一些关于游戏、商品的图片或视频广告。一旦用户点击进入，这一行为就会被网站记录为点击了一次该广告，广告主就需要为这一次点击付费。

依据用户点击数量计费的广告计费方式称作按点击量计费模式，即每次点击需支付广告费用。评判广告点击量的指标为每点击成本（Cost Per Click，CPC）。展示是不收费的，点击才收费，网络广告媒体多采用这种计费模式。

（1）优点

CPC 广告计费模式在检测用户质量和进行用户行为分析方面具有一定的优势，可以让投放人员更好地分析用户点击或不点击广告的原因，为其提供有价值的洞见性分析，从而能够根据数据，对广告内容制作提供反馈和指导。

（2）缺点

● 投放效果不确定。

CPC 计费模式下，广告投放之后会吸引部分对该广告内容感兴趣的用户点击，其中一些用户会进行后续消费，但有些用户则不会。对于广告主来说，只有当用户看到广告点击进入并进行了后续消费，才能算为一次有效广告。所以，如果广告点击量很高但转化率却非常低，则意味着广告主的这次广告投放是失败的。

另外，使用这一模式计算广告费用，还需要承担网站在网页上发布诱导广告引诱浏览者点击，甚至是通过程序模拟人工点击，导致数据真实性受损的风险。并且，广告主的竞争对手也可以就这一广告进行恶意点击，消耗广告主的资金，这些都会影响广告投放效果。

● 投放对象不确定。

投放对象不确定，是大部分互联网广告的共性，CPC 广告计费模式在这一点上尤其明显。

新媒体广告背后有大数据[1]作为支撑，每个网络用户的浏览偏好和购物习惯等个人信息，都可能被发现和挖掘出来。承接广告的平台，会根据大数据分析得出的结果，在不同地域，针对不同用户的兴趣、爱好，投放不同的广告。这就意味着，一个喜欢游戏的网络用户和一个喜欢购物的网络用户在同一时间访问同一网站时，被推送的广告内容是不同的。

在这种情况下，新媒体广告人员无法得知自己的广告究竟被投放到了哪一部分用户的

---

1 大数据：无法在一定时间内用常规软件工具对其内容进行抓取、管理和处理的数据集合。大数据有五大特点，即大量、高速、多样、真实、低价值密度。

手中。此时，广告的投放对象是难以确定的。

3. CPA——按投放效果计算

评判广告投放效果的指标是每行动成本。每行动成本（Cost Per Action，CPA）计费模式指以行为作为指标来计费，这个行为可以是注册、咨询、将商品放入购物车等。

以百度搜索广告为例，新媒体广告人员首先要进行关键词分析，了解用户在搜索哪些关键词时希望了解本产品信息；再以此分析内容，设计投放策略；然后对广告进行创意加工，用户点击之后，可以跳转到相应的推送位置，如企业官网、小程序、商品导购页面等；随后用户可能向客服咨询问题；最终，用户购买商品，实现付费转化。只有进行了这一完整过程，广告才算有效果，广告主才需进行一次计费。百度搜索广告转化流程如图 3-2 所示。

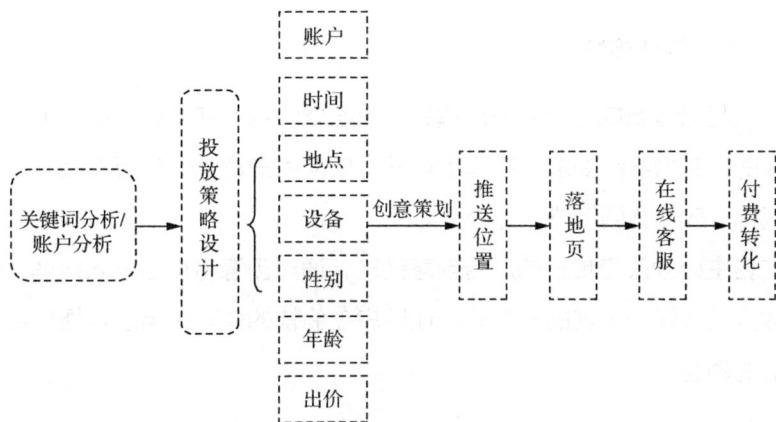

图 3-2　百度搜索广告转化流程

对于广告主来说，CPA 广告计费模式充分保障了广告主的利益。它有效地解决了长期困扰新媒体广告人员的广告欺诈、广告资金浪费问题，为广告主节约了大量的市场推广成本，提高了广告投放的投资回报率，且满足了广告主实现用户转化的需求，真正具备了网络精准营销的特质。

但广告承接平台以 CPA 广告计费模式来承接广告是有风险的，原因在于广告被点击后是否会触发用户的后续消费行为，决定性因素不在于网站，而在于被宣传的产品本身是否足够吸引人，比如，用户对该产品是否具有购买需求、该产品的性价比是否具有优势等。另外，企业的信誉程度以及用户对网上消费的接受程度也影响着用户的购买行为。

3.1.2　新媒体时代广告传播的新特点

为了适应新媒体时代的变化，企业需要了解新媒体时代广告传播的新特点。

1. 精准定位，定向传播

在新媒体时代，广告投放的一个重要特点是精准定位和定向传播。随着用户使用社交媒体和搜索引擎等渠道的增多，用户行为和兴趣爱好也变得越来越多样化，这导致广告的覆盖面和效果变得更加难以预测和控制。企业不仅需要花费更多的资源和成本来进行广告投放，同时还需要更加细致和精准地掌握用户的需求和习惯。

因此，精准定位和定向传播成为新媒体广告投放的核心要素之一。企业可以通过大数据分析和 AI 算法等技术手段，根据用户的年龄、性别、职业、所处地域、行为和兴趣爱好等参数，来精准定位目标用户。

例如，在社交媒体广告投放中，企业可以通过选取合适的社交媒体平台和关键词、标签等方式，来定位特定的用户群体。另外，搜索引擎广告投放也是实现精准定位和定向传播的有效方式之一。企业可以通过竞价排名或固定位置等方式，将广告投放在特定的用户搜索结果的前列位置，从而提高广告曝光率和精准度。

2. 内容为王，强化趣味

广告内容化趋势是新媒体新生态环境的一个重要特点。在新媒体平台上，广告企业对广告信息传播的控制力不断变弱，基本上依靠广告自身的趣味性进行传播，尤其是在短视频盛行和娱乐化、碎片化阅读盛行的今天。

因此，广告主必须改变传统的广告创意策略，通过创意将广告融入媒体，使广告看起来就像是媒体资讯或娱乐内容的一部分，让用户在愉快的体验中自发传播广告，带动品牌的传播和产品的销售。

案例

2021 年，茶饮品牌蜜雪冰城通过发布朗朗上口的主题曲短视频而爆红，一时之间关于蜜雪冰城的话题热度呈指数级增加，这也直接激励了用户自发去拍摄与该主题曲相关的内容、发布短视频，并线下"打卡"蜜雪冰城店铺，这直接带动了蜜雪冰城的产品销量。其短视频及相关话题截图如图 3-3 所示。

图 3-3　蜜雪冰城短视频及相关话题截图

3. 整合传播，数据化营销

广告主在投放广告时，通常会采用多样化的传播渠道，拓宽与用户双向沟通的路径，传递统一的产品信息，树立稳定的品牌形象，最大化地提升用户体验，实现广告信息的有效传递。

所以从广告投放的角度来看，应注重多种传播方式的整合。例如，新媒体广告和传统广告各有千秋，各有优点与缺点。对它们加以组合运用，可以扬长避短，优势互补，从而达到更好的广告效果。如何抓住短视频、直播、微信等近年来兴起的数字接触点，通过新的营销方式将其整合进广告投放的全媒体战略之中，成为营销推广策划的重点内容之一。

而新媒体广告投放中，大数据分析和 AI 算法的应用也逐渐成为趋势。广告主通过数据分析和算法推荐，可以更加精准地洞察用户的行为习惯和兴趣爱好，提升广告投放的效果和精准度。例如，针对特定用户推送个性化的广告信息，可以提高广告的点击率和用户转化率。

4. 重视互动，UGC传播

在新媒体时代，用户可以通过点赞、评论与广告发布者深入互动，也可以通过截屏、发弹幕、二次加工等行为分享观点，在抖音、微信、小红书等新媒体平台进行互动。这会直接带动广告的热度，所以企业也必须重视广告内容的互动性，在内容中设置互动点。

除此之外，企业和品牌方如果能够设置有趣的话题活动，吸引用户自发参与生成内容，引发用户自动传播，那么得到的传播指数和营销效果将会呈指数级放大。

> **课堂练习**
>
> 你近期看过什么印象深刻的新媒体广告吗？请找出来与大家分享，并分析其传播特点。

3.2　新媒体广告投放的基本步骤

不同新媒体平台的广告投放步骤有一定区别，但基本都有相同的步骤，具体如图 3-4 所示。

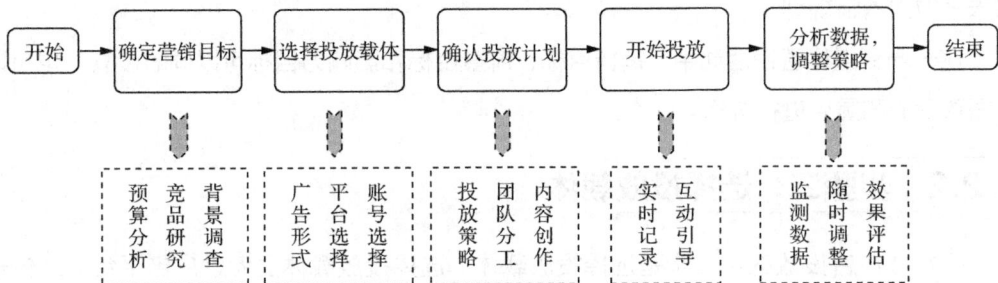

图 3-4　新媒体广告投放的基本步骤

3.2.1 步骤一：确定营销目标

新媒体广告投放的第一步是确定营销目标。在制定营销目标时，要结合营销预算、竞品研究和背景调查等多方面因素，包括品牌定位、品牌受众、产品的用户画像等，要有所依据，做好市场调研，而不是凭感觉。

营销目标需要满足 SMART 原则，即目标必须是具体的（S，Specific）、可以衡量的（M，Measurable）、可以达到的（A，Attainable）、有相关性的（R，Relevant）、有时间限制的（T，Time-bound）。这就意味着营销目标不能笼统，不能是无法量化的，不能是与实际不相符的，不能是过高或者过低的目标。

新媒体营销目标可以分为三类，一是销售目标，二是流量目标，三是影响力目标。

1. 销售目标

销售目标即通过新媒体营销宣传，企业或品牌的产品能够在一定时间内达到怎样的销量，或者提高产品多大幅度的购买率。虽然销售目标受多方面因素的综合影响，但如果营销宣传在一定时间内对销量提升几乎没有作用，那广告成本大概率是被浪费了。

在大数据的背景下，多数新媒体平台都可设置分销渠道和追踪码，可以实时统计不同账号下产品的销售情况，因此，销售目标是可以细分和拆解的，也是可以有效评估的。

2. 流量目标

流量目标是指通过新媒体营销达到流量数据的提升。例如，企业抖音账号粉丝量上涨5万，点赞量达到20万，话题阅读量达到1 000万等。

流量目标的设定更适合企业较为长期的营销活动或日常的定期宣传。流量目标的达成，有助于企业提升品牌和产品的知名度，超越同类产品，日渐占领用户心智。

3. 影响力目标

影响力目标是指通过营销进入行业类的榜单或者排名上升多少名，以跟竞品进行对比，更好地明确市场占有率。影响力目标是一种有挑战性的目标，比较适用于一些大促活动，或者季度目标、年度目标的设立。跟同行对比，有利于明确企业或品牌在市场中的位置，对未来做出清晰规划。

在一场新媒体营销活动中，销售目标、流量目标和影响力目标可以同时设立，也可以根据营销的侧重点进行选择。

3.2.2 步骤二：选择投放载体

新媒体广告投放的第二步是选择投放载体。选择投放载体要考虑广告平台、广告形式、账号选择等因素。

1. 广告平台

选择广告平台，诸如是选择抖音短视频还是选择微博，是选择今日头条还是选择微信公众号等。不同平台的特点不同，用户群体不同，企业或品牌需要依据产品特色来选择合适的平台。

例如，针对美妆类产品，选择小红书大概率比选择 B 站更为合适，而针对汽车类产品，选择 B 站、微博等大概率比选择小红书合适；而抖音、微博这类用户量较大，用户群体多元化的平台，不论是美妆类产品还是汽车类产品都可以有效承接。

如今，企业或品牌进行新媒体营销一般是在考虑预算的情况下，开展多平台综合营销。企业或品牌可以在选择 1～2 个主打平台的情况下，再选择几个其他平台，多方位辐射用户。

2. 广告形式

在选择平台时，也要结合广告形式来考虑。广告形式有两个维度。

第一个维度是内容形式。例如，如果产品更适合以短视频形式呈现，那么选择抖音、快手等平台就较为合适；如果是新品发布会，需要以直播形式呈现，要造势，那么微博、抖音、B 站等是较为合适的平台。

内容形式也要结合成本来考虑。以广告制作成本来看：图文类广告制作成本＜视频类广告制作成本＜大型直播发布会成本。

第二个维度是广告展现形式。如开屏广告、Banner、平台信息流广告、软广、"达人"推荐等都是广告展现形式，这也是要结合平台来考虑的。例如，微博平台的开屏广告可能会比"达人"推荐更有效，辐射面更广。

3. 账号选择

新媒体账号有两种，一种是企业或品牌的自营账号，一种是其他账号，包括"达人"账号、垂类网红账号等。前者与后者的区别在于：前者无须付费，但广告性质更明显；后者可以通过"软广"或"植入"之类的形式来宣传品牌或产品，用户更易接受。

新媒体营销人员在选择账号时，要选择跟产品风格、气质等特性较为符合的账号，尽可能使产品的用户群体与账号的用户画像吻合。例如，汽车类产品，选择"虎哥说车"这类垂类账号做营销，大概率比选择"潮爸刘教授"这样的亲子类账号做营销的效果更好。

3.2.3　步骤三：确定投放计划

在前两步做好以后，就可以进行第三步了，即确定投放计划。

投放计划可以视为一个完整的活动策划，即需要撰写完整的营销策划书。营销策划书一般包括以下板块。

● 背景分析。阐述营销策划背景、目的和意义，分析目标用户群、市场情况、产品特点和竞争对手等因素，为后续制定广告策略提供依据。

● 营销目标。根据营销目标，进行目标拆解，细化到平台和账号的选择、广告计费模式等。

● 投放策略。确定投放时间与频率。结合预算，根据不同的投放媒体以及用户行为习惯，确定最佳的投放时间和投放频率，以最大化的广告曝光效果和营销效果，确保广告成本和效益的平衡。制定投放策略也是整个策划中十分关键的一步。

● 创意设计。在广告策略确定之后，设计广告创意，制定广告文案、设计广告美术等，以凸显广告的卖点和吸引目标用户。

● 内容创作。如果企业需要自己提供内容给"达人"账号，那么还需要在这个步骤进行内容创作，如提供完整的短视频或广告文案，或者提供脚本文案用于参考等。

● 团队分工。围绕整个投放计划，确定团队人员怎样分工，确保团队成员各司其职，合力完成整个营销活动。

3.2.4　步骤四：开始投放

准备好投放计划和广告内容后，就可以开始投放了。

投放要分批、有序地进行，根据团队分工，由专门人员负责平台对接，广告审核、发布等。

● 内容发布。

内容是分批发布还是同时发布，带什么样的关键词和话题，以怎样的形式设计跳转和访问，后端承接的步骤是否顺利，对应工作人员是否到位等，这些诸多细节问题都要在发布前确定并核实，确保广告顺利发布。

● 实时记录。

记录不同新媒体平台、不同账号的各个时间段数据，包括浏览量、点赞量、转发量、转化率等，以便分析是哪些动作导致了这样的结果，并在后续做出优化调整。

● 互动引导。

内容发布后，相关工作人员要注意互动引导。以短视频为例，企业若在抖音平台进行新媒体营销，和平台"达人"账号合作，营销人员一方面要留意短视频数据，根据情况考虑平台流量投放，如购买"DOU+"；营销人员另一方面要维护和引导短视频的评论区，使之尽可能正向反馈，或尽可能自然地"种草"产品，引导用户购买。

3.2.5　步骤五：分析数据，调整策略

新媒体广告投放的第五个步骤即分析数据，调整投放策略。

1. 数据分析

开始新媒体广告投放以后，企业必须及时在新媒体后台查看广告的实时数据，或者利用第三方统计工具监测不同指标的变动，包括广告的展示量、点击率、转化率等重要指标。

检测数据是为了分析数据，进行实时调整。通过数据评估广告的效果和投放效益，以便在广告投放过程中及时调整策略和投放计划，如重新优化关键词，更改广告创意，或者调整投放时间段等。对于某些投放效果明显较好的平台或者账号，企业可以考虑追投或者给内容"加热"。

2. 效果评估

在广告投放完毕后，团队要进行投放活动的整体复盘，围绕目标拆解，分析每个步骤、每个动作正确与否，围绕数据分析广告效果的达成程度。效果分析可用销售漏斗来反映。

销售漏斗本是科学反映商机状态以及销售效率的一个重要的销售管理模型，但在评估新媒体广告投放的转化率上同样适用。在广告展现、点击、访问、咨询，直至生成订单等各个环节中，存在着这样一个规律：消费群体数量会呈现出一个不断减少、逐步流失的漏斗形状。

在这个漏斗中，存在着一些变量，对这些变量进行统计和分析，可以大致评估出平台广告在投放之后各个环节的转化率。销售漏斗如图 3-5 所示。

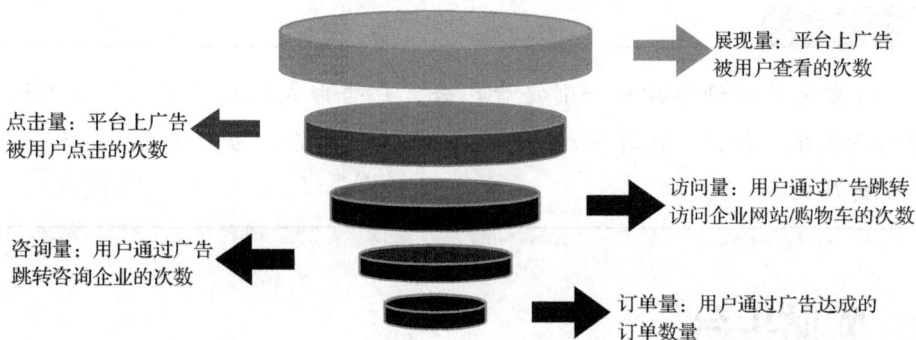

图 3-5　销售漏斗

记录广告投放过程中的展现量、点击量、访问量、咨询量以及订单量，可以直观而又清晰地反映该广告每个环节的展示效果。

利用销售漏斗对门户广告投放效果进行评估，主要目标是保证每个环节用户流通的顺畅，让更多的流量从漏斗的下端流出。因此，漏斗模型中的每个环节都是评估的重要节点。新媒体广告人员要想获得比较好的广告营销效果，必须对各环节所涉及的指标进行持续监测，通过实际数据来捕捉各个环节中潜在的问题，并及时找到解决这些问题的方法。

3. 问题诊断

根据图 3-5 可知，不同阶段对应着不同的问题。在新媒体广告投放过程中，常见的问题及应对方法如表 3-1 所示。

表 3-1　新媒体广告投放过程中的常见问题及应对方法

监测指标	常见问题	问题成因	应对方法
展现量	展现量偏低，无人问津	1. 广告位置欠佳； 2. 广告中关键词排名靠后； 3. 所投放平台 / 账号流量基数小	1. 调整广告位置； 2. 优化关键词排名或更改关键词； 3. 选择流量基数大的平台 / 账号
点击量	展现量充分，但点击量低	1. 广告文案 / 视频不具有吸引力； 2. 广告创意一般； 3. 广告出现方式令人不悦	1. 优化广告创意及文案 / 视频； 2. 设计有足够吸引力的标题； 3. 使广告出现的方式令人感到舒服
访问量	点击量正常，但被访问次数偏低	1. 跳转页面加载速度过慢； 2. 页面多次跳转； 3. 页面内容与广告创意相关性低； 4. 竞争对手恶意点击或门户网站流量作弊	1. 提升跳转访问速度； 2. 减少页面跳转； 3. 加强页面内容与广告创意的关联性； 4. 监测恶意点击与门户网站流量作弊行为
咨询量	访问量正常，但咨询量偏低	1. 企业网站 / 落地页质量较差； 2. 咨询位置不明显； 3. 落地页内容与广告内容不符	1. 优化网站页面； 2. 将网站咨询放在页面显眼位置； 3. 增强落地页内容与广告内容的一致性
订单量	咨询量正常，但订单量偏低	1. 企业 / 品牌销售能力差； 2. 产品性价比不高； 3. 产品特质不吸引人	1. 及时回复用户的咨询，并针对用户的问题提供专业解答； 2. 提高产品性价比； 3. 突出产品卖点

课堂练习

　　你要为某防晒伞投放一则抖音广告，广告形式是与"达人"合作进行剧情式植入推广，预算相对有限。请选择一名你认为合适的"达人"，并分析原因。

3.3　网站平台

　　在网站平台投放新媒体广告的特点可以概括为：受众人群范围广，包含各个层次的人群；有利于提升品牌在全国或本地的知名度；有利于拓展全国或本地市场并吸引大量的零售客户；首页推广费用高。

3.3.1　网站平台的广告形式

　　网站平台可以分为 PC 端网站和移动端网站，两者的广告形式有所区别。

1. PC端广告形式

● 按钮广告。

按钮广告即图标广告，主要用来宣传商标或品牌等特定标志。按钮广告的面积比较小，版面位置安排具有弹性，广告主可根据自身需要进行选择。按钮广告能提供简单明确的资讯，可以放在相关的产品内容旁边，如图 3-6 所示。

● 焦点图广告。

焦点图广告（见图 3-6）是一种网站内容的展现形式，可简单理解为一张图片或多张图片展现在网页的明显位置上，吸引用户目光。焦点图广告通常以图片组合播放的形式播放广告。

● 弹窗广告。

网站用户浏览网页时，自动弹出的广告叫作弹窗广告，弹窗广告的窗口会随着网页的开启自动弹出。弹窗广告会遮挡住一部分网页内容，用户要想阅读被遮挡的部分，需要先点开或者关闭弹窗广告。弹窗广告如图 3-6 所示。

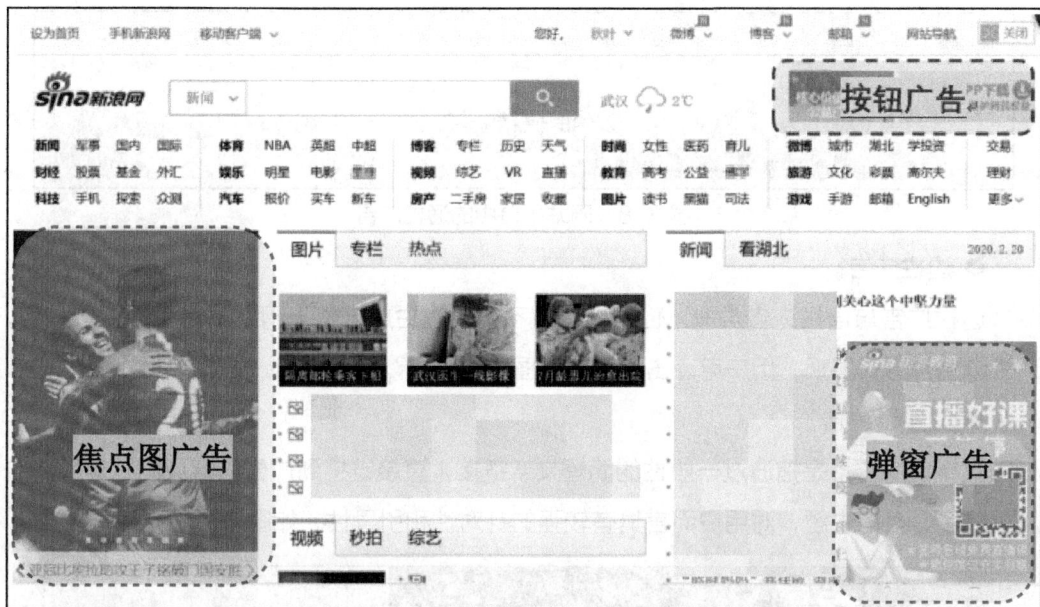

图 3-6 网站平台中的按钮广告、焦点图广告及弹窗广告

● 全屏广告。

全屏广告是指打开网页时出现的较大尺寸图形的网络广告，这类广告强制性出现，一般不能被屏蔽且视觉冲击力强，容易引起用户注意。这类广告一般只在频道首页投放，投放时间多为 3 ～ 5 秒，如图 3-7 所示。

● 通栏广告。

通栏广告是一种常见的图形形式的新媒体广告，通栏广告的展示区在搜索结果列表的上方，尺寸较大，可展示较多的广告内容。通栏广告可变换但不可关闭，展示效果较好，如图 3-8 所示。

新媒体营销概论（第3版 慕课版）

图 3-7 网站平台中的全屏广告

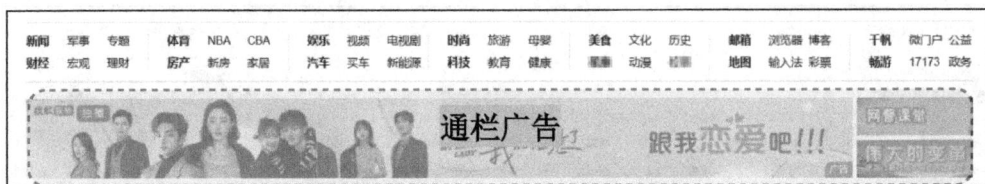

图 3-8 网站平台中的通栏广告

● 边栏广告。

边栏广告与通栏广告类似，但所处位置不同。边栏广告位于网站平台页面中的一侧，通常以图片形式展现，用户可点击进入，如图 3-9 所示。

● 文字链广告。

文字链广告，是指通过一般性的简短文字链接，直接链接到广告内容页面。这种广告简单明了，直指主题，对用户而言具有较强的针对性和引导性，如图 3-9 所示。

图 3-9 网站平台中的边栏广告和文字链广告

● 动图轮播广告。

动图轮播广告，是指在网站平台中以动态图片形式、轮番播出的广告。这种广告以动态图的形式呈现，能够迅速吸引用户的注意，如图 3-10 所示。

图 3-10　网站平台中的动图轮播广告

2. 移动端广告形式

● 开屏广告。

开屏广告，是指打开移动端软件时，自动弹出的占满屏幕的广告。开屏广告采用图片或动态图的展现形式，具有很强的视觉冲击力，能够迅速抓住用户的眼球，吸引用户的注意力。开屏广告仅在软件启动时展现，一般情况下，同一用户不会频繁启动同一应用，所以开屏广告能够覆盖更多的独立用户。开屏广告如图 3-11 所示。

● 信息流广告。

信息流广告在社交平台上较为常见，狭义上是指出现在社交媒体用户好友动态中的广告。但除社交媒体之外，其他媒体平台上，与产品功能混排在一起的原生广告，也是信息流广告。

在移动端门户网站 App 上，用户浏览新闻时，经常会看到与新闻混排在一起的广告，如图 3-11 所示。

● 顶部 / 底部图片广告。

在移动端门户网站 App 中，图片广告通常位于文章内容的顶部或底部。当用户打开文章浏览或浏览完文章时，会不自觉地被位于顶部或底部的广告所吸引。底部图片广告如图 3-11 所示。

● 软文广告。

软文广告是指在文章中以软性广告的形式植入广告信息，潜移默化地影响用户思维，引导用户购买某个产品的广告。

图 3-11 网站平台中的移动端广告

3.3.2 网站平台的广告投放要点

新媒体营销人员在选择网站作为广告投放平台时，要注意以下几点。

1. 选择高人气网站

在选择网站投放广告的时候，首先要考虑的是网站人气。

新媒体营销人员可以通过百度等搜索引擎去搜索相关的热门关键词，如果找到的该网站的关键词越多且排名越靠前，那证明该网站的人气越旺。如果想要比较科学的、系统的数据，新媒体营销人员可以去百度站长、Alexa 统计查询网站的 PV[1] 值和 UV[2] 值。

网站平台人气主要集中在首页及各主流频道上，因此在进行广告投放时，新媒体营销人员一定要理性分析广告位置的人气与性价比，确定最合适的广告位置和广告展示形式及内容。

2. 细化行业，针对性投放

网站种类多样，包括门户网站、各品类行业网站、地方性本地网站、与品牌相关联的网站等。但由于企业之间的品牌、产品和服务会有所不同，因此新媒体营销人员投放新媒体广告时，应根据企业品牌所在的行业进行有针对性的投放，以达到新媒体广告投放的最大效应。

1　PV：Page Views，即页面浏览量，用户对网站中的每个网页的每一次访问均被记录为一次。需要注意的是，访客每刷新一次页面，PV 就增加一次。

2　UV：Unique Visitor，即独立访客数，指访问某个站点的不同 IP 地址的人数。在同一天内，UV 只记录第一次进入网站的具有独立 IP 的访问者。

例如，一个房地产企业需要在网站平台上投放新媒体广告，则其选择对象就包括门户网站的房产频道、房地产专业网络平台、本城市的网站平台等与之相关联的网站平台。

3. 注意内容的匹配度

网站平台的广告位置、内容、展现方式，都会直接影响广告的效果。例如，直接以弹窗形式出现的广告的效果，可能跟以软文形式、信息流形式出现的广告的效果差异巨大。

在投放前，新媒体营销人员要判断平台是否与品牌形象相符，以及广告形式是否与平台内容和用户体验相匹配。在广告投放过程中，新媒体营销人员需要尽量避免冲突和混淆，营造出品牌与平台自然融合的效果。

> **课堂讨论**
>
> 请分析一下，网站上的哪种广告不容易被用户忽视，且不会被用户厌恶。

3.4　移动客户端平台

移动客户端即 App，其因在功能、形式等方面具有便捷、交互等独有的优势，赢得了越来越多用户的青睐。随着人们对 App 需求的提升，广告主在移动客户端上进行广告投放成为必然的选择。

3.4.1　移动客户端的广告形式

移动客户端广告主要分为 6 个类型。

1. 品牌冠名型

品牌冠名型广告可细分为两类：一类是冠名广告，另一类是品牌定制 App 广告。

● 冠名广告。

顾名思义，App 冠名广告，就是广告主为了提升企业品牌知名度和影响力，在一些 App 上投放的自己品牌的广告。图 3-12 所示为淘宝在 WPS 上的冠名广告。

● 品牌定制 App 广告。

品牌定制 App 广告是广告主自己设计制作 App，对企业品牌、产品或服务进行宣传的广告。这类 App 通常具有特殊用途，代表品牌形象，对促进品牌、产品销售，扩大品牌影响力具有直接作用。图 3-13 所示为快餐品牌肯德基的定制 App 广告。

图 3-12　App 上的冠名广告　　　　图 3-13　品牌定制 App 广告

2. 开屏展示型

开屏展示型广告可细分为 4 种类型，即开屏广告、插屏广告、Banner 和公告广告。

● 开屏广告。

开屏广告是指在用户打开 App 时自动以全屏方式呈现 3 ～ 5 秒的广告，具体表现形式包括静态图片、GIF 图片和 flash 动画等。开屏广告具有视觉冲击力强的典型特点。

● 插屏广告。

插屏广告，通常在视频类 App 或游戏类 App 中出现。当用户暂停使用 App 时，屏幕上会出现插屏广告。插屏广告通常为静态图片和 GIF 图片，具有尺寸较大、视觉冲击力强、容易被用户点击等特点。图 3-14 所示为某视频暂停时出现的插屏广告。

图 3-14　插屏广告

● Banner。

Banner 在各种新媒体平台上几乎都存在，从形式上分为静态横幅、动画横幅、互动式横幅等，内容可以是纯图片、纯文字，也可以是图文结合。图 3-15 所示为米家 App

上的 Banner。

● 公告广告。

公告广告也被称为 App 活动广告，常见于电商类或社区类 App 的首页。公告广告能够不断滚动播放广告信息，给予用户一定引导，通常以"低价""好物"等词汇吸引用户点击进入。图 3-16 所示为京东平台的公告广告。

图 3-15 Banner

图 3-16 公告广告

3. 内容植入型

内容植入型广告常见于社交类 App 及资讯类 App 中，一般出现在信息流固定位置中，也被称为信息流广告。信息流广告如图 3-17 所示。

图 3-17 信息流广告

常见的 App 广告内容植入方式有 4 种，如表 3-2 所示。

表 3-2　4 种常见的 App 广告内容植入方式

内容植入方式	释义	案例
视觉替换类植入	将产品或品牌植入娱乐游戏类、社交类、工具类 App 中	唱吧等娱乐类 App 将应用中"送礼""打赏"等元素替换为品牌内容
栏目植入冠名	选择符合品牌特点的 App，进行品牌推荐、品牌提示，提升用户对品牌的好感度	大众点评冠名不同类型的餐厅排行
行动顺应	在用户查阅信息时，除了向其提供信息资讯，还可提供"一键购买""一键获得"等服务，实现用户行为有效顺应	用户对汽车类应用中的"一键试驾"功能产生兴趣，就会立即联系最近的经销商
专项活动策划	依据某一类 App 的特征，借助社会热点话题，展开专题活动策划，体现品牌理念	知乎与中国汽车工业协会等多家机构联合举办"2020 中国汽车论坛"

4. 搜索排名型

搜索排名型广告常见于具有搜索引擎服务的 App 上，与搜索引擎广告类似，如图 3-18 所示。

图 3-18　搜索排名型广告

3.4.2　移动客户端的广告投放要点

移动客户端种类多样，对于移动客户端广告的投放而言，新媒体广告人员需要把握的重点是了解移动客户端平台和移动客户端广告的特性，根据不同平台和广告的特性，进行针对性投放。

1. 了解不同App，实现精准投放

据统计，在 2023 年第一季度，每个移动用户手机中平均装有 63 个 App。从广告投

放的角度来看，可以将移动客户端分为以下 5 类，如表 3-3 所示。了解这些 App，明确各种类型的 App 适合投放哪些广告，是新媒体广告人员需要学习的基础课程。

表 3-3　移动客户端的 5 种类型

类型	代表 App	适合广告类型
新闻资讯类	网易新闻、搜狐新闻、今日头条、界面新闻	由于新闻资讯类 App 上的男性用户通常较多，所以金融、通信、汽车等行业的广告在新闻资讯类 App 上的投放效果更好
移动视频类	长视频：爱奇艺、腾讯视频 短视频：抖音、快手	由于移动视频类 App 的用户使用这些 App 的主要目的是娱乐，用户以年轻人为主，因此在移动视频类 App 上，通常适宜投放零食、服装、化妆品等快消品的广告
工具类	墨迹天气、百度网盘、微信读书、剪映	根据工具特性投放特定属性广告，如在微信读书上投放图书类广告
娱乐社交类	微信、微博、小红书、美图秀秀、游戏	由于娱乐社交类 App 的用户以年轻人为主，且内容呈现碎片化、娱乐化特征，因此在这类 App 上，也比较适合投放快消品广告
位置服务类	百度地图、美团、滴滴出行、飞猪旅行	在提供 LBS（基于位置服务）的 App 上，通常更适合投放本地的教育培训类、餐饮服务类、酒店类、影院类、周边出游类广告

2. 使用程序化购买渠道

在移动互联网时代，传统的广告投放方式暴露出许多弊端，无法适应当前的市场发展趋势。此时，成本更低，投放更简单、更精准的广告投放方式——程序化购买应运而生。几乎所有的移动客户端广告都支持程序化购买。

程序化购买（Programmatic Buying），是基于自动化系统（技术）和数据进行广告的交易和投放管理方式。移动营销市场的高速发展为程序化购买提供了利好条件，在用户定位、识别的基础上，移动端丰富的营销形式和程序化购买良好结合，形成了新发展阶段数字营销的创新价值。程序化购买与常规的人工购买相比，有助于极大地提高广告媒体购买的效率、扩大规模和改善投放策略。在这个过程中，数字平台能够代表广告主自动执行广告媒体购买。

例如，腾讯打造了专门的广告平台——腾讯广告官方投放平台。在这个平台上，新媒体广告人员可以了解腾讯旗下诸多 App 的广告投放信息，包括广告呈现形式、计费方式等。

程序化购买以其独特的优势满足了广告主的需求，同时也更好地迎合了互联网市场的需求，其以覆盖平台广、目标精准和以大数据为支撑 3 个优势，成为移动客户端广告投放的主流方式。

目前国内较为常见的程序化购买工具和平台有很多，新媒体广告人员可以根据具体需求来筛选。

3. 个性化定制内容

新媒体广告人员可通过 App，帮助用户完成互动式的、个性化的产品体验。这类广告中，用户往往可以针对广告主的产品或服务进行个性化的搭配、设计，有一定的用户交互性，可以使用户增进对广告主的了解。

案例 1

　　家居品牌宜家推出了 App "IKEA 宜家家居"，用户在这款 App 上，可以根据设想对喜欢的家具进行摆放，设计自己理想中的家。借助这款 App，宜家实现了用户线上、线下体验的结合，提供了更具针对性的服务。

案例 2

　　在抖音平台上，经常有企业或品牌联合抖音推出品牌特定的特效贴纸，结合特定的背景音乐，激励用户参与到特效拍摄中来。而用户在拍摄和发布短视频的过程中，也间接增强了对品牌的了解，传播了与品牌相关的内容。

　　当然，这类个性化定制，要满足两点：一是定制场景要与产品或品牌高度关联；二是定制内容要有趣、简单，要让用户在简单的操作中获得好的体验。

　　在未来，企业可以结合平台，利用人工智能技术和机器学习算法对数据进行分析和学习，在一定程度上优化广告投放策略和创意，为用户呈现个性化的广告内容，从而增强广告的吸引力并提升实际效果。

课堂讨论

　　你的手机下载了哪些移动客户端？请分享其中较为小众的一个，并阐述你使用它的原因。

3.5　社交媒体平台

　　如今，越来越多的新媒体平台都强化了社交属性，强调用户互动和社交扩散，如抖音、小红书，所以社交媒体平台的概念和界限也变得模糊。常见的社交媒体平台有微信、微博、QQ 等。

　　国内典型的社交媒体平台之一是微信。本节以微信为例，阐述相关知识点。

3.5.1　社交媒体的广告形式

　　以微信为例，微信营销主要包括 6 种类型：公众号广告、朋友圈广告、社群广告、视频号广告、搜一搜广告和小程序广告。

1. 公众号广告

公众号广告包括官方微信公众号广告和公众号软文广告，此外还有企业自营公众号广告。

（1）官方微信公众号广告

官方微信公众号广告以微信公众号生态系统为基础，以文章内容的形式嵌入微信公众号文章。目前，关注用户数超过 500 个的微信公众号可以申请成为流量主，将公众号中的指定位置交给微信平台统一管理，供广告主投放广告，流量主依靠广告的点击率获得收入，广告主依据广告的点击量支付费用。

公众号中广告投放的位置包括文章底部、文章中部、互选广告和视频贴片 4 个广告资源位。图 3-19 所示为微信公众号文章底部位置的广告。

（2）公众号软文广告

公众号软文广告是指一些粉丝基础较大的微信公众号通过撰写文章，设计和开发广告位，自行定价，直接与广告主进行交易的模式。

（3）企业自营公众号广告

企业自营公众号广告是指广告主在自己运营的公众号上打广告，这类广告要想获得较好的广告投放效果，需要企业公众号本身具有一定粉丝数量。图 3-20 所示为企业自营公众号广告。

图 3-19　微信公众号文章底部位置的广告　　图 3-20　企业自营公众号广告

2. 朋友圈广告

朋友圈广告是以类似好友的内容形式在朋友圈中展示的广告。用户可以通过点赞、评论等方式进行互动，并依托社交关系链传播。官方朋友圈广告面向广大微信用户，可依据广告主需求向特定用户曝光。

朋友圈广告的主要呈现方式包括图文和视频等，构成要素包括广告主头像和名称、外层文案、外层图片或视频、外层文字链和用户互动界面。兰芝朋友圈广告如图 3-21 所示。

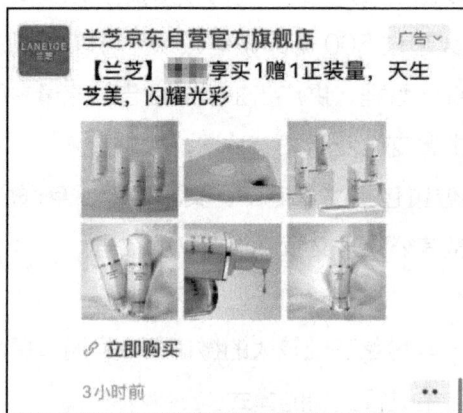

图 3-21　朋友圈广告

朋友圈广告的实质是信息流广告，主要依托社交群体属性针对用户喜好和特点进行智能推广。

3. 社群广告

社群广告则是指在社群内发布的广告。社群广告能够达到一对多的传播效果，如图 3-22 所示。

由于社群广告是面向微信好友或群内好友投放的，用户在接收到社群广告时，可直接与广告发布者进行沟通，因此品牌更容易获得信任，也能够促进广告产品销售。

图 3-22　社群广告

4. 视频号广告

2020 年 7 月，视频号正式上线，以"社交推荐"作为主要分配机制，依靠微信庞大的用户规模，将短视频的社交属性最大化。

视频号广告是指利用视频号发布与产品、服务信息相关的视频，视频内容可以是纯粹的广告宣传，也可以是在不违背视频主题思想的情况下插入的广告内容。视频号广告如图 3-23 所示。

图 3-23　视频号广告

5. 搜一搜广告

微信的搜一搜功能类似于微信站内的搜索引擎，通过搜一搜功能，用户能够在输入关键词后，搜索出相应的朋友圈内容、公众号文章、视频、百科内容等。在搜索结果中，微信投放了部分广告内容，按照出价高低排列广告顺序，效果如图 3-24 所示。

图 3-24　搜一搜广告

6. 小程序广告

小程序广告可分为两类，一类是小程序植入广告，另一类是功能型小程序广告。

（1）小程序植入广告

小程序植入广告是指在一些小程序中植入产品或服务的广告，用户在使用小程序时，能够看到这些广告。例如，用户在使用"看图识花"小程序时，一些相关公众号的关注广告会弹出，如图 3-25 所示。

（2）功能型小程序广告

有些小程序本身是企业开发的功能型小程序，这些小程序在提供服务的同时，起到了宣传品牌的作用，其上的广告内容可称为功能型小程序广告。古茗的功能型小程序广告如图 3-26 所示。

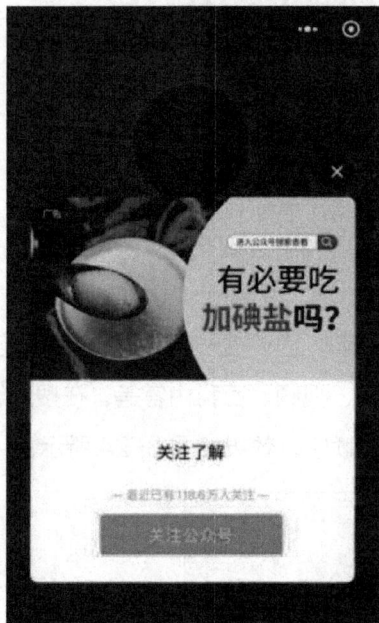

图 3-25　小程序植入广告

图 3-26　功能型小程序广告

3.5.2　社交媒体的广告投放要点

由于社交媒体平台的强社交属性，以熟人为关联，所以强化传播属性很重要。以微信为例，进行广告投放时要注意以下几点。

1. 利用熟人圈层强化传播

熟人推荐会带来信任感，而微信这类社交平台，相比其他平台的明显优势就是朋友圈子的"强关系"。在微信生态中，如果用户点赞一个视频号，或者转发了某篇公众号文章，或者对一篇公众号文章点了"在看"，都会直接带动这些内容的传播。

　　视频号的"朋友在看"这一功能，使用户的微信好友点赞过的视频会出现在用户的视频号主页面，这相当于转发功能，如图3-27所示。同时，视频号是典型的"强关系＋弱关系"的组合，视频号以朋友点赞的强关系触发冷启动，再进入平台推荐广场，触发弱关系。这个过程也是私域流量进入公域流量[1]的过程。这也意味着，如果企业的营销视频被很多微信好友点赞，那进入平台推荐的可能性会更大，从而分配到更大的公域流量池，营销效果会大大提升。

图3-27　视频号的"朋友在看"

　　所以，在微信生态内，强化营销内容的传播暗示很重要。这些暗示可以是内容上的，如在文章或视频结尾暗示转发；也可以是形式上的，如转发给好友领取优惠券；也可以是流程设置上的，如邀请好友拼单或免单等。

2. 利用多种场景联合传播

　　微信生态内产品多样，流量巨大，包括朋友圈、小程序、视频号、公众号、社群、搜一搜等，这些产品之间关联性较强，可以实现相互跳转和融合，这也是微信营销的另一优势所在。

　　例如，在秋叶大叔的视频号主页，用户可以直接进入秋叶大叔的公众号页面，也可以直接进入小程序购买店铺商品。这样的设置，能最大限度整合用户资源，使用户在企业品牌内留存。

　　1　公域流量：公域流量也叫平台流量，它不属于个体，而是由集体所共同拥有的流量。公域流量流动性较强，多属于看客式流量。

在这种营销环境下，企业或品牌可以利用微信的多种功能联合传播，从而形成流量闭环，使用户在微信生态内留存、转化，以最短的路径促进成交。

2022年春节，牛奶品牌安慕希在微信朋友圈投放广告，并设置了跳转。用户在"刷"朋友圈时，可以通过安慕希发布的朋友圈广告进入品牌视频号活动页，这个页面汇聚了大量用户参与活动的短视频作品，如图3-28所示。通过这个活动页面，用户还可以直接点击链接进入安慕希的小程序，实现了多方互联。

图3-28　安慕希的视频号活动页

根据官方数据，安慕希此次活动吸引了近2 500人参与，朋友圈广告的总互动点击率为19.27%（包含外层滑动次数）。安慕希通过这一方式，有效释放出了朋友圈的社交优势，利用视频号展示出了更多品牌产品或服务信息，提高了朋友圈广告的点击率，助力品牌获得更好的广告推广效果。

3. 根据标签属性实现定向投放

朋友圈广告支持按照年龄、性别、地域、手机系统、手机联网环境、兴趣标签等属性进行广告定向投放。

因此，同为朋友圈好友，能看到的广告是不一样的。例如，A和B为好友，A的朋友圈经常出现汽车产品的广告，但B的朋友圈却经常出现婚庆用品的广告。当用户在广告下方点赞或评论，同样接收到该广告的好友会看到点赞或评论。

案例

2015 年朋友圈广告刚刚面世时，宝马汽车针对特定人群投放了朋友圈广告，收到广告的用户高调"炫耀"，没收到的用户纷纷自嘲，引起了用户的热烈讨论。

选择特定的标签，能够帮助新媒体广告人员在投放广告时更加精准，面向目标用户，减少广告资源的浪费，在节约广告成本的情况下，提升广告投放效果。

4. 利用社群团购撬动销售

对于企业和品牌来说，其建立粉丝群、地域分销群、渠道群等，利用社群团购和社群发售活动撬动销售，也能获得很好的营销效果，增加产品销量。

案例

2020 年 6 月的某次直播中，董明珠通过"格力明珠店"直播间创造了近 65 亿元的销售额，创下了家电行业直播销售的纪录。而这次直播如此成功的原因，除了在京东、天猫、抖音等多个平台同步直播获得高流量，还在于格力电器联合全国各地的三万多家专卖店构建了强大的私域社群，通过社群强化信任，促进用户进入直播间购买，从而赋能直播间。

课堂讨论

打开你的微信朋友圈，是否能看到平台广告，都是什么产品的广告？分析一下为何你的朋友圈会出现这个产品的广告。

3.6 短视频平台

短视频平台无疑是近几年流量最大、用户活跃度最高、商业价值最大的新媒体平台。正因为如此，在短视频平台投放广告，是很多企业和品牌在开展营销时的首选，也是必经的一步。

3.6.1 短视频平台的广告形式

以抖音为代表的短视频平台，其上的广告类型多样，按大类分，可以分为平台广告和账号广告。

1. 平台广告

平台广告主要指跟抖音官方合作投放的广告。主要包括以下几种形式。

● 开屏广告。

开屏广告即用户在打开抖音App时看到的3～5秒的广告，分为静态、动态、视频三种。开屏广告如图3-29所示。

特点：流量大，但广告时间短，展示信息有限；广告成本高，费用多。

适合类型：新品上市宣传；用户群体广的品类产品，如护肤品、小家电；大型直播活动。如美妆品牌兰蔻、雅诗兰黛就经常在抖音平台投放开屏广告。

● 信息流广告。

信息流广告即用户在"刷"抖音时自然"刷"到的短视频广告，如图3-30所示。

特点：根据用户喜好推荐的广告，精准度高；有"广告"标志，用户有可能因抵触而跳过。

适合类型：服饰类、食品类、生活用品类等用户决策成本相对较低、价格不高的产品；本地生活服务类产品。如用户会在抖音上"刷"到附近两公里的美食店铺。

图3-29 开屏广告　　　　图3-30 信息流广告

● 话题活动。

品牌联合抖音开展话题活动，以有奖参与的形式激励用户参与发布视频等，如图3-31所示。

特点：用户互动带动广告传播，带来一定的自然流量；前期启动需要联合"达人"账号扩散。

适合类型：有一定知名度的品牌，日常性品牌理念宣传，品牌宣传维护。

● 定制特效。

定制特效即品牌联合抖音平台推出视频贴纸特效，吸引用户拍摄和发布视频，如图 3-32 所示。定制特效一般和话题活动联合开展。

特点：趣味性强，用户主动参与，传播指数高；能有效强化品牌理念；不能直接宣传产品，作用有限。

适合类型：有一定知名度的品牌，日常性品牌理念宣传，品牌宣传维护。

图 3-31　话题活动　　　　图 3-32　定制特效

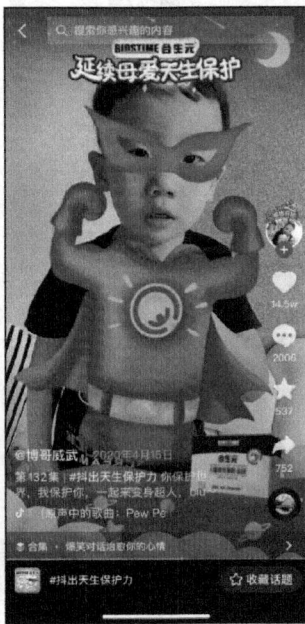

● 搜索广告。

搜索广告即用户在抖音搜索关键词，如"口红"，会看到对应的视频内容和推荐商品，如图 3-33 所示。如今，越来越多的用户习惯在抖音购买商品，主动搜索的流量越来越大，所以企业和品牌在抖音上做好 SEO 显得尤为重要。

特点：主动搜索多，流量精准；竞争相对激烈，需要全方位做好综合营销才能被用户看见，要考虑抖音账号、抖音小店、关键词排名等多个因素。

适合类型：有一定知名度的品牌。

2. 账号广告

账号广告是指品牌与抖音上的某些"达人"账号合作，发布的短视频广告。账号广告具体有以下几种形式。

● 测评。

测评即"达人"以测试的角度展示产品，测试使用的产品过程和体验。测试内容可以是一个产品测试，也可以是多个同类产品的比较测试。

新媒体营销概论（第3版 慕课版）

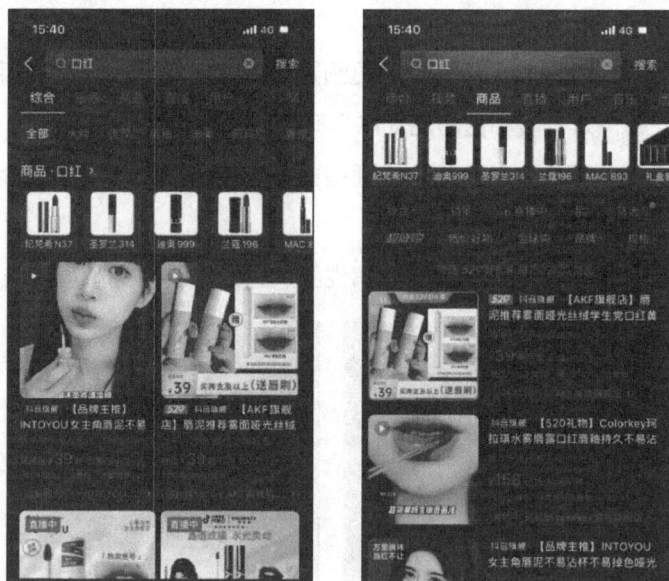

图 3-33　搜索广告

特点：能引发用户好奇心，容易使用户忘记其实质是广告，强化信任。

适合类型：品牌新品；餐饮服务类店铺；科技类产品；需要讲解的产品。如扫地机器人测评。

● 开箱。

开箱即以拆快递或产品开箱的形式，展示产品。

特点：强化打开的过程，吸引用户。一般是多个产品一起拆，或者是拆开包装较好的产品。

适合类型：家居类、服装类、饰品类、特色食品类。如 2022 年夏季的茅台冰激凌测评。

● Vlog 植入。

Vlog 植入即以 Vlog 形式展示产品。如在生活记录类 Vlog 中，主人公在视频中自然而然地使用某款产品。

特点：产品一般出现在视频中间或者靠近结尾的时候；该类视频以内容为主体，推销性质弱，用户接受程度高。

适合类型：美妆护肤类、家居类。

● 剧情软广。

剧情软广即以剧情的形式，在视频中植入某款产品。

特点：剧情类视频一般较吸引人，完播率相对较高，有较高数据和热度，从而能带动广告宣传；但这类视频的产品植入往往很明显，只能对用户起到广而告之的作用，直接转化率有限。

适合类型：汽车类、护肤品类、活动类、其他软件导流类。如得物就经常以剧情植入的形式在抖音上宣传，以优惠活动促进用户下载软件。

● "种草"推荐。

"种草"推荐一般是较为直接的推荐形式，即直接向用户推荐某类产品。

特点：简单直接，用户相对精准，转化率相对较高；营销效果受"达人"本身影响大，需要垂类"达人"，且粉丝信任度要高。如某专业美妆"达人"推荐的产品，经常有较高的成交量。

适合类型：护肤品类、生活好物类、图书类、家居类。

● 自营账号广告。

自营账号广告即企业或品牌利用自身在抖音平台上的矩阵账号来发布营销短视频，直接宣传产品。

特点：用户精准，日常自然流量稳定；一般需要结合直播营销的形式来促进转化；成交效果受账号粉丝量和粉丝活跃度影响；营销成本低，账号日常运营成本高。

适合类型：所有品类和品牌。

3.6.2 短视频的广告投放要点

营销人员在选择短视频平台投放广告时，要注意以下几点。

1. 平台：选对的，而不是选贵的

目前国内常见的短视频平台有抖音、快手、视频号、B站、西瓜视频、小红书、微博等，其中后两者不是纯粹的短视频平台，还具备图文属性。不同平台的对比如表 3-4 所示。

表 3-4　不同平台的对比

平台	特点	营销优势
抖音	流量大，用户多； 平台竞争激烈；营销成本高	营销形式多；算法推荐精准，转化率高；集中曝光流量大，能快速提升知名度
快手	三、四线城市的用户群体较多，用户相对下沉；视频类型多样化，更接地气	"铁粉"多，头部主播多，用户信任度高； 下沉市场潜力大，低客单价产品转化率高
视频号	中老年用户多；以社交传播为主；用户圈层广，涵盖范围大	微信生态内场景互通；结合公众号和社群，能以小成本撬动大流量
B站	男性用户相对较多，用户黏性强；特色弹幕文化； 游戏类、动漫类视频更有市场； "带货"氛围尚不够浓厚	男性用户多，游戏类、电子科技类品牌更易推广； 粉丝黏性强、价值高； UP主带动性强
西瓜视频	主打中视频、横屏视频； 有抖音带动和扶持，处于上升期；商业变现路径尚不成熟	有一定流量扶持； 竞争压力小

续表

平台	特点	营销优势
小红书	以美妆和穿搭为特色内容； 年轻女性用户占较大比例； 主动搜索流量大，"种草"氛围浓厚	用户消费意愿强； 适合美妆、服饰类商品； 粉丝信任度高，价值高； 平台处于上升期，流量扶持力度大
微博	用户积累多；娱乐性较强；用户互动热情高；热搜功能强大；视频板块流量扶持多；议程设置作用明显	联合热搜话题，流量大； 联合"达人"和艺人，激发"粉丝"主动传播

在选择投放平台时，营销人员要根据产品、品牌特性，综合考察平台用户特点等，选择最合适的短视频平台，注意选对而不是选贵。例如，对于美妆类、服饰类品牌广告，投放在抖音、小红书，比投放在 B 站更为合适，而对于汽车类、科技类品牌产品广告，投放在 B 站比投放在视频号更合适。

2. "达人"：选"大而全"不如选"小而美"

在选择"达人"进行短视频营销合作时，切勿以"达人"的粉丝量为决定因素。某些综合类"达人"，如剧情类账号、娱乐类账号"达人"等，虽然"粉丝"量很多，但"粉丝"分布在各个年龄层和各个领域，没有明显的某类共同特征，属于"大而全"，对于某些行业来说并不精准。

相比而言，那些专注于某个赛道的垂类账号"达人"可能更合适，即"小而美"。营销人员通过对这类账号进行广告投放能找到较为精准的用户群体，获得更高的转化率。

例如，某渔具品牌进行营销推广，选择了专注于钓鱼的账号；某地房产楼盘进行营销推广，选择了本地房产类账号。

此外，若投放信息流广告，可以通过在投放前分析渠道、频道类别或页面的内容主题等，进而将品牌信息流广告投放在相关频道类型和内容周围，以确保广告精准定位兴趣人群，提升广告的吸引力和点击率。

3. 内容：把握视频开头的黄金3秒

90% 的用户在浏览视频时，会在 3 秒内决定是否继续观看。因此，视频前 3 秒内容能否抓住用户的眼球，吸引用户的注意力，是短视频广告能否产生良好效果的关键。营销人员可以从以下 3 个方面出发。

● 视频前 3 秒必须吸睛。

● 文字精简突出，直击用户心灵。

● 根据广告的核心利益点或能够引起用户共鸣的需求场景快速切入主题，以高效吸引目标人群并强化用户记忆。

　　有让你印象深刻的短视频广告吗？请展示给大家，并分析其哪里做得好。

3.7　搜索引擎平台

　　搜索引擎平台因为聚集着诸多流量受到广告主的青睐，成为新媒体广告投放的重要媒介。

3.7.1　搜索引擎的广告形式

　　根据广告投放形式，搜索引擎广告可分为 4 类。

1. 关键词广告

　　关键词广告是搜索引擎广告中具有代表性的一种广告形式，用户使用搜索引擎时，几乎都会看到关键词广告。这类广告由广告主根据自身产品或服务的内容、特点，确定相关的搜索关键词、撰写广告内容并自主投放；当用户搜索这些关键词时，相应的广告信息就会展示在搜索结果页面上。

　　搜索引擎平台将关键词广告分为竞价排名广告和固定排名广告两类。

　　（1）竞价排名广告

　　竞价排名广告是指搜索引擎平台不为关键词设置特定的点击价格，而是由广告主对广告每次点击自行设定可支付的价格的广告。搜索引擎平台根据广告主设定的价格并辅以一定规则对每个广告主所投放的广告进行排序。竞价排名广告如图 3-34 所示。

　　以百度为例，百度会根据广告主的信用状况、关键词的质量度[1]、关键词出价[2]等条件对广告进行排序，排在最前的广告将优先展示在搜索结果首页左侧，剩下的广告将依次排序。除了在左侧展示竞价排名广告，百度会在右侧根据关键词展示一些推荐广告，如图 3-34 所示。

　　在关键词限定性较强的情况下，百度还会在页面底部设置竞价广告和关键词推荐广告，如图 3-35 所示。

　　1　关键词的质量度：用于衡量关键词及其所关联的推广结果和推广网站的质量，具体由广告主对关键词的预估点击率、关键词与广告的相关性、搜索引擎平台的体验等指标加以评测。

　　2　关键词出价：这里的出价是指关键词每次点击的最高出价，即广告主愿意为推广结果获得的每次点击支付的最高金额；在不考虑影响排名的其他因素时，关键词出价越高，排名就越有机会靠前。

图 3-34　竞价排名广告和推荐广告

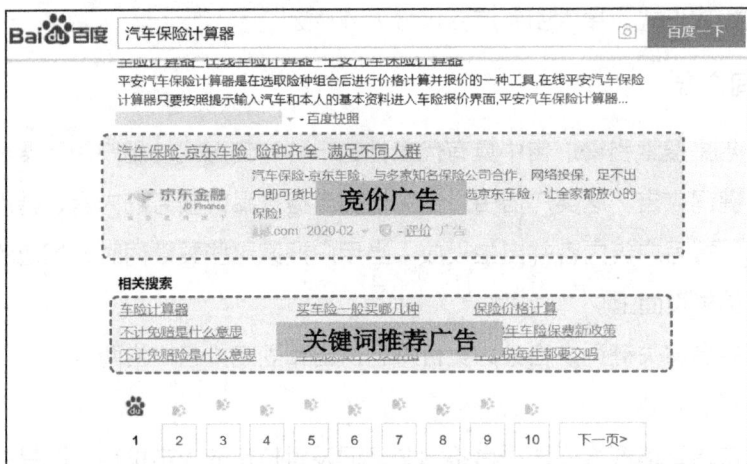

图 3-35　竞价广告和关键词推荐广告

（2）固定排名广告

固定排名广告是由搜索引擎平台为广告主提供关键词，将广告主的广告在搜索结果页面中的固定位置加以展示的广告。固定排名广告相较于竞价排名广告，区别在于固定排名广告的费用一定、展示位置固定。一般来说，市场占有率高，企业广告资源丰富的搜索引擎平台采用竞价排名广告模式；而市场占有率低、企业广告资源匮乏的搜索引擎平台采用固定排名广告模式。

2. 品牌广告

对于大型品牌的广告主来说，关键词广告无法综合、全面地展示出品牌全貌。为了迎合这类广告主的需求，一些搜索引擎平台在传统关键词广告的基础上，开发出涵盖图片、文字、链接等多种形式，可展示广告主品牌信息的品牌广告。

当用户搜索品牌全称或简称时，在搜索结果页面的最上方出现一个展示品牌信息的迷你官网，包括品牌描述、品牌 Logo[1]、官网链接等内容，并在右侧广告位同时展现该品牌的产品广告，让用户无须经过网页跳转，便可直接了解品牌的相关信息。品牌广告如图 3-36 所示。

图 3-36　品牌广告

3. 小程序应用广告

小程序应用广告是指品牌在搜索引擎平台上提供特定功能或服务，帮助用户解决问题，从而宣传自身品牌的广告。用户搜索关键词后，可跳转至品牌官网获取自己想要的服务。小程序应用广告如图 3-37 所示。

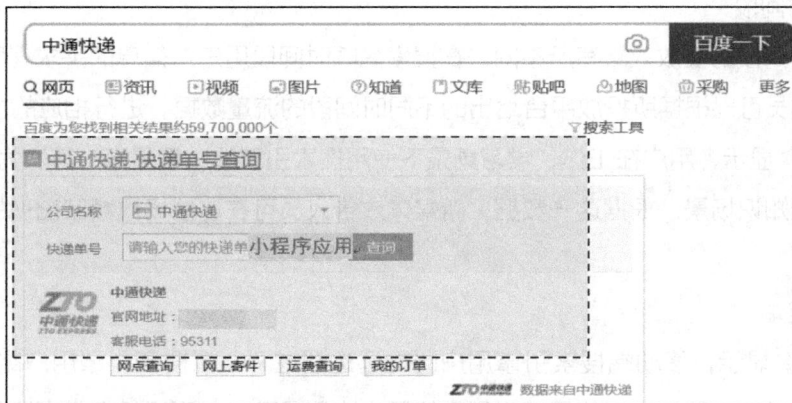

图 3-37　小程序应用广告

4. 移动端信息流广告

移动端搜索引擎大多采用视频、图片等形式推出信息流广告，在基于用户的兴趣主动推送的个性化内容中，插入广告信息。

1　Logo：徽标或者商标的外语缩写，是 LOGOtype 的缩写，是一种用于标志身份的小型视觉设计，起到对 Logo 拥有公司的识别和推广的作用。形象的 Logo 可以让消费者记住公司和品牌文化。

3.7.2　搜索引擎的广告投放要点

对于搜索引擎广告而言，关键词的设置是否恰当直接关系到广告能否被用户搜到、曝光和展现概率，关键词的设置对广告效果具有重大影响。因此，搜索引擎广告的投放策略主要围绕关键词展开。

1. 确立竞价策略

竞价策略是搜索引擎广告投放的基础策略之一，是指通过评估搜索引擎广告投放的各类条件，确定投放量及价格的过程。在这个过程中，评估搜索引擎广告投放的因素主要包括平台、时间段、终端。

（1）平台

搜索引擎平台的选择尤为重要，新媒体广告人员需要依据各类搜索引擎平台自身的特点及定位，依据用户的搜索行为特征综合选择投放平台。

中国产业研究院公布的《2022—2026年中国搜索引擎行业竞争格局及发展趋势预测报告》（以下称《报告》）显示：2022年上半年，在PC端搜索引擎市场份额中，百度占51.68%，紧随其后的是必应、搜狗、谷歌、好搜；2022年上半年，在移动端搜索引擎市场份额中，百度占90.85%，紧随其后的是神马、必应、搜狗、谷歌、好搜。

新媒体广告人员在选择搜索引擎广告投放平台时，通常会尽量选择流量大、用户群体规模大的平台，以达到更好的投放效果。

（2）时间段

不同时间段的投放效果有所不同。在搜索高峰时间段用户对信息的需求程度更大，新媒体广告人员可以根据所投放平台给出的不同时间段的流量数据，进行相应的投放。

《报告》显示，用户在工作、学习场景下使用搜索引擎的比例最高；其次为查询医疗/法律等专业知识场景。根据这一数据，新媒体广告人员可在这些场景频繁出现的时间段投放广告。

（3）终端

《报告》显示，移动端搜索引擎用户比例远远超过PC端搜索引擎用户比例，其中，在移动端通过浏览器类应用使用搜索引擎的用户比例最高；使用手机自带浏览器登录搜索引擎的用户占比排名第二；使用搜索引擎类手机应用的用户排第三。

显而易见，PC端虽然有其相对稳定的特点，但移动端才是较佳的选择。

2. 选择关键词

新媒体广告人员在选择关键词时，需要锚定营销目标、熟悉市场情况、洞察目标群体，并将这些信息与企业的产品和服务有效结合，才可能制定出具有针对性的广告投放方案。表 3-5 所示为关键词的常见来源，新媒体广告人员可依据营销目标、目标用户定位和市场环境来选择关键词。

表 3-5　关键词来源及示例

关键词来源		释义	示例（以淘宝网为例）
营销目标	品牌推广	与企业名称、品牌相关的词	淘宝网、手机淘宝、阿里巴巴、天猫
	市场公关	热门事件名称、事件特点等	阿里巴巴市值首破 8 000 亿美元、阿里巴巴犀牛工厂
	主营业务宣传（产品、服务）	主营产品及其型号、商业模式、地域等	智能家电、零食饮品、潮流穿搭
	活动、促销营销	活动名称、内容、优势等	"双十一"大促、大牌女装 5 折起
目标用户定位		根据目标用户的兴趣点设置关键词	若目标用户群体为都市年轻女性，则她们常搜索的可能是美容、化妆品等
市场环境		竞争品牌的企业名称、主营业务等	淘宝的竞争企业，如当当、京东、拼多多等

关键词来源明确后，还需根据以下 3 方面内容对关键词进行选择。

● 根据广告主自身情况选择关键词类型。

由于关键词广告采用 CPC 广告计费模式计费，选择高频词将面临激烈的市场竞争，适合预算充足的广告；选择低频词则流量较低，适合预算有限且持续时间较长的广告。

● 保证广告落地页与关键词具有高度相关性。

广告落地页内容需要与关键词具有高度相关性，这直接影响着广告的排名和到访用户能否被广告产品或服务吸引。如果广告落地页呈现的产品为"华为手机"，关键词却是"大牌女装 1 折起"，则会令用户感到失望与错愕，使广告效果大打折扣。

● 采用长尾词策略。

长尾词是指 2 ～ 5 个词汇组成的短语，这样限定性的描述会得到流量相对较低但更为精确的关键词，例如，"2020 新款太阳镜""×× 艺人同款墨镜"等。需要注意的是，要站在用户可能搜索的角度上确定长尾词，且避免选择一些过于宽泛的关键词。

3. 围绕关键词优化内容

用户在搜索关键词后出现的广告内容是否具有吸引力，直接影响着广告的点击量。新媒体广告人员在打造搜索引擎广告内容时，除了需要做到合法合规、客观真实、言简意赅外，还可围绕核心关键词，对广告内容进行如下 4 个方面的优化。

● 关键词一致或相近。

当用户搜索关键词时，显示的信息中与关键词一致的部分以红色呈现出来。若广告内容与用户搜索的关键词高度一致，很容易引起用户注意，吸引用户点击。

新媒体广告人员可以围绕核心关键词打造广告内容，凸显产品或服务的特点、卖点或企业优势，尽可能使用户在看到广告时，能够不假思索地点击进去。

● 突出产品优势。

在优化广告内容时，可突出地域、产品质量、公信力（口碑）、价格、比较优势、促销等信息，强调提供的产品或服务的优势、独特性（稀有性）、专业性，以引起用户注意。

● 使用号召性词汇。

使用具有号召性的词汇吸引用户的注意力，激发用户快速采取行动，如申请"注册""报名"等带有行动色彩的动词等。

● 过滤部分用户。

在广告展现过程中，有一部分点击用户并不具备消费能力或消费意愿较弱，为了降低不具备消费能力或无消费意愿的用户点击后产生的费用，新媒体广告人员有必要采取措施过滤掉这部分用户。

新媒体广告人员可以通过在广告中明示产品与服务的价格，或将自身与某知名品牌相类比来暗示产品的价格，以降低寻求便宜或免费产品的用户的点击率。

> **课堂练习**
>
> 打开你手机上的搜索引擎，以"英语学习"为关键词进行搜索，在搜索结果页往下滑动，看分别有哪些广告。作为用户，你最可能打开哪一个，为什么？

3.8 直播平台

通过直播，一晚上产生超万元的订单已经不是奇迹。直播的火热使直播营销也逐渐被广告主所看见，越来越多的企业和品牌开始在直播平台上投放广告。

3.8.1 直播平台的广告形式

对直播广告的类型划分，业界并没有具体规定，但根据广告的展现形式，可以将直播广告大致分为三类。

1. 直播"带货"

多数直播的直接目的是销售商品，此时直播行为本身就是广告。这类广告即目前非常典型且火热的直播"带货"，在抖音、快手、淘宝直播上较为常见。

直播"带货"是目前直播广告中效果最直观的一种，直播结束即显示销售量。通常情况下，直播有其固定的主题和内容，一个产品广告只是直播内容中的一小部分，但营销过程可能占据直播的全过程，在不断货的情况下商品链接会一直展示。直播"带货"是一种集中性的、高流量的广告。

2. 植入广告

植入广告在直播中比较常见，是指在直播过程中，提及或展示被传播对象，一般用于新品预告、新品上市，或者是下场直播活动的产品预告。常见的植入方式有主播口头播报和贴片广告。

主播口头播报是指主播在直播过程中，利用口头或书面语言陈述产品广告的方式。

贴片广告是指在直播画面中加贴一个专门制作的广告页面，在不影响直播效果的情况下，广告页面占据一小部分直播画面，使用户在观看直播时，能够看到广告内容。直播间贴片广告如图 3-38 所示。

图 3-38　直播间贴片广告

3. 直播发布会

某些企业和品牌会在新品上市前两天或者当天举办新品直播发布会，从而为新品造势，以订金预约的形式吸引用户提前购买商品。

比较常见的有电子科技类产品，如手机、计算机、家电等，还有汽车类产品。近几年，很多汽车品牌在新品上市时都会在微博、抖音或 B 站展开声势浩大的直播发布会，形成一定的话题热度和影响力。

直播发布会一般联合直播平台提前宣传，还会联合平台的热搜榜单。想要流量多、话题热度高，还需要联合艺人或者"达人"来造势，营销成本也相对较高。

3.8.2 直播平台的广告投放要点

直播平台的广告是以直播"带货"为主的，所以直播平台的广告投放主要围绕"带货"展开。

1. 品牌自播坚持做

品牌自播即自营直播，是指品牌利用自己的账号直播，而不是通过他人直播间销售商品。

在短视频和直播流量日益高涨的今天，企业和品牌入驻各个短视频平台，进军直播，已经成为营销的必选项。通过在短视频平台认证账号，将潜在用户有效沉淀在账号中，再通过日常"带货"短视频和直播来有效转化用户，有助于直接扩大线上销售市场。

利用品牌账号做自营直播不能三天打鱼、两天晒网，要坚持做，保持一定频率，培养用户的观看习惯；久而久之，用户信任度增强，GMV 自然逐渐提升。

案例

品牌女装太平鸟坚持在抖音平台做直播，2022 年期间，几乎做到了每天直播，白天播，晚上播，且单场观看量（简称"场观"）都较高，经常月销过亿元。而太平鸟的直播间，也多次登上抖音品牌自播类直播间的榜单和抖音服装类直播间的榜单。

2. 选对账号更出单

品牌自播对品牌自身账号的粉丝量有一定要求，且不一定有较高的成交率。对于新品牌来说，其除了坚持自播以外，和头部、中腰部主播合作来直播"带货"，也有助于品牌快速打开市场、提升商品销量。

在选择直播账号时，要结合成本、赛道和"带货"口碑来综合选择。

头部主播的粉丝多，直播"场观"较高，经常一场直播有几千万乃至上亿人观看，粉丝信任度也较高。但是头部主播合作成本高，除了高额的"带货"佣金外，品牌还需支付额外的佣金。品牌如果想在短时间内快速打开市场，提高品牌知名度，可以考虑头部主播。

中腰部主播的粉丝也较多，直播场观和 GMV 往往有不错的成绩，比较适合有一定知名度的品牌投放广告。注意，选择和品牌调性、用户群比较一致的垂类主播会比选择综合类主播更合适。例如，农副产品的直播营销选择"东方臻选"的直播间可能会比选择"广东夫妇"的直播间更合适。

企业和品牌需要根据主播的日常"带货"评价，粉丝的信任度来综合评判。某些主播虽然常年直播"带货"，但如果网络上关于该主播的负面声音太多，直播间的商品质量并不高，没有经过严格的"选品"环节，那么这类直播间也应该排除在外。

3. 价格渠道不能乱

对品牌直播来说，其维持价格渠道的统一很重要。

对用户来说，若直播间商品的价格与日常线下价格或者官方网店价格一样，那用户就失去了来直播间下单的理由与动力，特别是老用户。但如果直播间给出的优惠力度较大，那一定程度上会影响该品牌其他渠道的商品销量。

> **案例**
>
> 在"花西子 Florasis"的直播间里，商品的价格跟商品其他渠道的日常价格保持一致，但直播间设有专属的满减活动，如"满 129 元减 10 元""满 299 元减 20 元"。用户进入直播间后还可以领取直播间专属优惠券，多为 10 元或 20 元，领取条件也较为简单——用户只需要关注直播间成为粉丝团成员即可。用户在直播间最多能获得 40 元的优惠。直播间的每款商品不是无限量供应的，而是有一定的数量限制，售完就下架。这样的价格设定与活动设置，不仅使直播间商品价格与日常价格区别开来，也有利于体现直播间的特殊性，形成直播间的购物氛围。
>
> 除此之外，直播间还设置有"每关注满 200 人抽奖""每 2 个小时抽下单奖""单笔实付 258 元赠礼包"等活动。这些满减活动和抽奖活动在一定程度上能够吸引用户并留住用户。
>
> 花西子 Florasis 的直播间截图如图 3-39 所示。 
>
>
> 图 3-39　花西子 Florasis 的直播间截图

课堂练习

请尝试拆解一位主播的某个单品介绍话术，并分析其话术结构和优缺点。

3.9 图文平台

这里说的图文平台是指以图文为主要功能的新媒体平台，如小红书、微信公众号、知乎、今日头条、豆瓣等。

在短视频和直播崛起之后，图文平台的流量似乎在下降，但某些图文平台的用户群体较为稳定，也吸引着企业和品牌进行广告投入。尤其是小红书的火爆，使图文平台的营销潜能再一次被重视。

3.9.1 图文平台的广告形式

图文平台的广告形式主要有以下三种。

1. 信息流广告

图文平台的信息流广告主要是指平台信息栏目，中间穿插着的某些图文广告。这些广告可能看起来跟正常图文信息一样，有些可能会有不明显的"广告"标志，或者用户点进去之后才发现是广告。信息流广告如图 3-40 所示。

图 3-40　图文平台的信息流广告

这类图文形式的信息流广告，本质上也是硬广，只不过很多时候用户要打开才知道。

2. 软文广告

软文广告是以文章为主要形式的软性广告，常见于各种网站和图文平台。其是营销成本相对较低的一种新媒体营销方式，不管是在内容创作上还是在渠道运营上。

图 3-41 所示的某公众号文章开头在正常分析热点，临近结尾的时候，开始引入广告商品。对比信息流广告，软文广告更考验广告人员的文笔，讲究"植入合理"和"一气呵成"。好的软文广告往往能达到很好的转化效果。

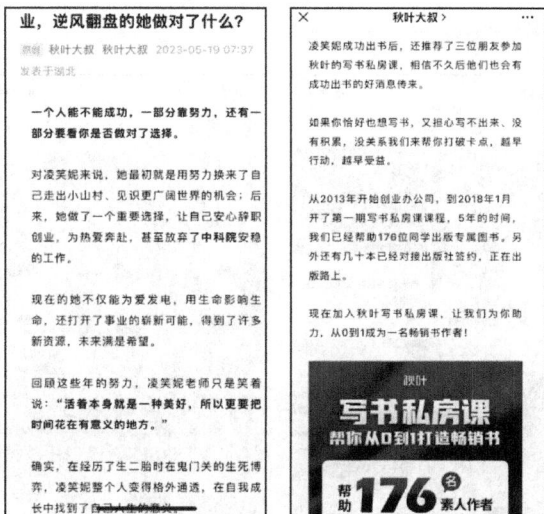

图 3-41　公众号上的软文广告

3. 尾部平台广告

在公众号文章的底部或者头条文章的底部，都会有平台固定的广告栏，这类广告是广告主在平台投放的。平台将广告随机显示在创作者内容的底部，创作者可以获得一定比例的曝光点击收益。

这类广告的优势在于强曝光，通过不同账号覆盖几乎所有群体，当然缺点也很明显，多数用户没有点开观看的习惯。

3.9.2　图文平台的广告投放要点

信息流广告和软文广告，很多时候需要广告主自己提供内容。因此，图文平台的广告投放，需要注意以下几点。

1. 标题要吸引人

对于图文类信息来说，由于无法像短视频一样直接让用户看到具体内容，需要用户手动打开，所以标题就显得尤为重要，标题能不能吸引用户起着决定性作用。

所以内容创作者需要在标题上下功夫，可以适当地使用一些表达技巧，如用夸张、惊奇或者疑问的句式，或用热点词汇，或者用热点事件等。但切记要适度，不要完全脱离正文，以免引起用户反感。

2. 注重内容排版

对比短视频，图文的可塑性有限，难以有更多丰富的形式，所以内容排版显得较为重要。

以小红书上的图文信息为例，一则图文会不会被用户打开，内容中植入的广告会不会被读者接受，除了受标题的影响外，封面图以及正文中的内容排版也很重要。小红书上的图文排版示例如图 3-42 所示。

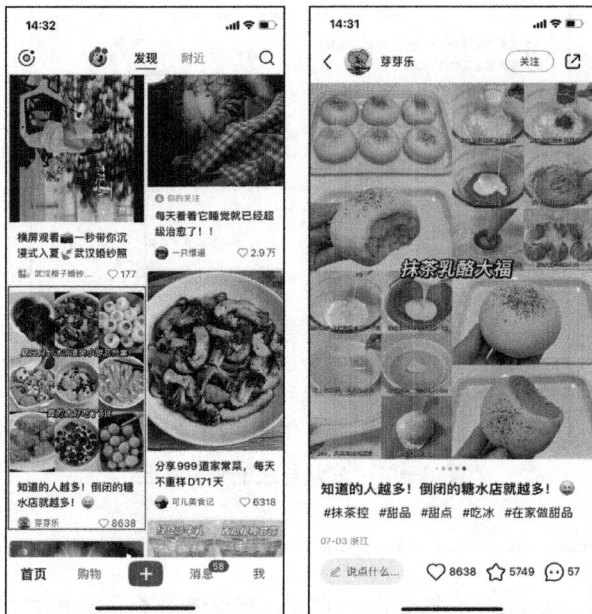

图 3-42　小红书上的图文排版示例

注重内容排版，一是要做到封面图吸引人，尽量与标题相呼应或补充；二是要做到正文中的排版自然美观，图文配合相得益彰，信息量适度。

3. 注重文字的逻辑表达

标题只是吸引用户点进来，但是要想使用户下单购买或者接收产品宣传信息，就要在内容上花心思。尤其是撰写软文，一篇好的软文有较好的文字的逻辑表达，能够在潜移默化中影响用户思想，戳中用户痛点，引导用户购买。文字的逻辑表达主要体现在以下几点。

● 内容为主，广告为辅，语言不生硬。好的软文不应该充斥着商业用语，而是巧妙地融入了商业推广目的，自然而然地呈现出品牌形象和产品服务。

● 言辞优美。软文的语言应该简洁、准确、生动，并且风格独特。优美的语言可以吸引用户，让他们感受到作者的用心和真诚，增强文章的阅读体验。

● 有实用性。软文应该有一定的实用性，能够对用户有所帮助。软文可以针对当前业界的热点话题，就某件事物的特点、功能、好处等进行详细解释和推介，从而让用户从中获取知识和经验。

● 独特的角度。软文应该具有独特的角度和观点，可以使用户产生共鸣和思考。这有助于引发用户的兴趣、吸引和留住用户的注意力，并促使他们更多地了解作者的想法和观点。

例如，著名时尚杂志 GQ 的官方微信公众号"GQ 实验室"就非常擅长用图文来打造软广，且能做到每篇广告都较为吸引读者，几乎每篇广告的阅读量都在 10 万以上。其文章截图如图 3-43 所示。

图 3-43　"GQ 实验室"的文章截图

"GQ 实验室"的软文之所以能做到如此高的阅读量，离不开以下几点因素。

① 内容质量高。该公众号强调以优质的内容为主，文章属于高质量的创意类文章，善用讲故事的方式，通过将各种艺术元素与深入走访和丰富的官方数据相结合来展示信息和思想，能较好地展示自身的用心程度。

② 注重排版。该公众号注重文章的排版，配图有质量保障，图片美观达意，颜色渲染自然饱满，同时按钮和插图的布局和风格也已经成为品牌特色。而且，该公众号采用滑动图片揭晓答案这类新颖形式。

③ 贴合年轻人的视角和思想。文章内容切合年轻人的兴趣和关注点，更注重随意舒适的时尚、潮流、娱乐等主题，倡导温暖、舒适、自由的生活方式，展现不同文化和品牌的选择。因此，该公众号也很符合很多时尚类广告主的营销选择。

打开小红书，从中找到一个广告，并分析这个广告的优缺点。

3.10 其他广告投放平台

以上介绍了当下较为典型的广告投放平台，除了这些，其实还有一些有固定的用户群体和较大的流量的平台，适合作为广告投放平台。

3.10.1 音频平台广告

在互联网诞生之前，人们通常所说的音频媒体为收音机、录音机、MP3 等传统媒体；在互联网技术越来越发达的今天，音频媒体与互联网结合，成为新兴的网络音频媒体。

音频能够满足用户在碎片化时间获取内容及信息的需求，使用户能在做家务、散步、开车等多种场景下获得声音信息。如今，网络音频行业正处于高速发展中。

在中国的网络音频市场，喜马拉雅、荔枝、蜻蜓 FM 被称为"三巨头"。

1. 喜马拉雅

火热程度：★★★★★

用户画像：

男性略多于女性；

汇聚 4 亿中产人群；

"80 后""90 后"占比较高；

一二线城市人群占比较高。

广告投放优势：多维度精准定向，多种广告创意样式。

喜马拉雅是中国领先的在线音频分享平台，不仅提供音频播放、下载、个性化推荐等服务，用户也可以在平台上自行上传音频文件。由于采用 UGC 模式[1]，喜马拉雅平台吸引了许多音频制作者，其中不乏知名的声优[2]、配音师、知名主持人、原创音乐人和一些草根艺人。

音频市场主要包括以娱乐类音频为主的移动电台、以出版类读物音频为主的有声阅读、以主播与用户进行语音互动的音频直播三大类，而喜马拉雅作为涵盖这三个部分的综合性头部平台，在"耳朵经济"不断发展下，将拥有更为广阔的市场前景。

1　UGC 模式：UGC 全称为 User Generated Content，也就是用户生成内容，即用户原创内容。UGC 的概念最早起源于互联网领域，即用户将自己原创的内容通过互联网平台进行展示或者提供给其他用户。

2　声优："优"在古汉语中是"演员""表演者"的意思，故"声优"多指为影音作品进行后期配音的人员。

2. 荔枝FM

火热程度：★★★★

用户画像：

男女比例大概为 1 ： 2；

35 岁以下用户占比过半；

中等消费水平的消费者与中高等消费水平的消费者两者的占比较高。

广告投放优势："音频 FM+ 音频直播 + 知识付费"。

荔枝，是中国 UGC 音频社区。荔枝以"帮助人们展现自己的声音才华"为使命，重塑传统音频行业中原本割裂的音频制作、存储、分发产业链，实现每个人都可以通过手机一站式进行创造、存储、分享和实时互动，让人们用声音记录和分享生活。

荔枝主要有以下三大优势。

● UGC 主导的内容生产模式。

在荔枝上，人人都是创作者，可以录下自己的声音，发布在平台上。

● 多元化的内容。

荔枝拥有情感、二次元、广播剧、有声书、娱乐资讯、轻音乐、助眠、儿歌等诸多频道，满足不同用户在不同场景下随心听取内容的需求。

● 升级版社区。

荔枝新增了音乐直播、情感直播等内容板块，用户可参与直播，进行在线语音交友；荔枝还设置了"荔枝实验室"，用户可在开放平台上听声音找朋友。荔枝以声音作为媒介连接用户，构造了声音社区，有利于增强用户黏性。

3. 蜻蜓FM

火热程度：★★★★

用户画像：

性别比例较为不平衡，男性用户的比例超过 60%；

用户人群主要分布在一二线城市。

广告投放优势：音频资源多，垂直领域竞争力大。

蜻蜓 FM 是一款网络音频应用，于 2011 年 9 月上线，为中国领先的音频内容聚合平台之一。蜻蜓 FM 以"更多的世界，用听的"为口号，为用户和内容生产者共建生态平台，汇聚广播电台、版权内容等优质音频 IP，覆盖文化、财经、科技、音乐、有声书等多种类型。

网络音频平台从音频形式上可划分成直播互动、有声阅读、综合三种。作为综合性平台的蜻蜓 FM 不仅具有其他竞争平台的内容，在直播互动和有声阅读的细分领域也拥有一定市场。

版权内容一直是平台竞争力的核心内容。蜻蜓 FM 的版权内容获取来源比较多样，包括从出版机构、资讯平台、传统电台等版权方获取，也致力于对用户生产内容的扶持，吸引自媒体、自产内容的用户、音频内容制作机构等内容制作方的参与。

4. 音频平台的广告形式

在音频新媒体平台上，音频广告通常有以下几种类型。

● 焦点图广告。

焦点图广告在音频新媒体上平台上出现得较多，但音频平台上的焦点图广告通常与音频内容相关，能够吸引对声音有偏好的用户。焦点图广告如图 3-44 所示。

● 二级分类原生广告。

二级分类原生广告是指在音频新媒体平台的二级页面上投放的与该页面其他内容相关的原生广告。这些广告呈现在二级页面中，且不易与二级页面的内容相区分，很容易吸引用户点击。二级分类原生广告如图 3-45 所示。

图 3-44　焦点图广告

图 3-45　二级分类原生广告

● 音频中插广告。

音频中插广告是指在音频内容中，插入口播型广告。这类广告与视觉型广告不同，是攻占用户听觉的广告，在传统的音频媒体例如广播中常常能够听到该类广告。在音频新媒体平台中，这类广告常常穿插出现在有声书籍、相声等音频作品当中。

3.10.2　长视频平台广告

当前国内比较热门的三个长视频平台是爱奇艺、腾讯视频、优酷。

1. 爱奇艺

火热程度：★★★★★

用户画像：

年轻用户居多；

大多位于经济发达地区；

男女比例差异不大。

平台优势：内容制作实力雄厚；资源丰富；百度流量导入。

爱奇艺以品质、青春、时尚的品牌调性深入人心，网罗了中国广大的年轻用户群体。爱奇艺打造涵盖电影、电视剧、综艺、动漫、纪录片在内的十余种类型的中国正版视频内容库，并通过"爱奇艺出品"战略的持续推动，让纯网内容进入真正意义上的全类别、高品质时代。

图 3-46 所示为爱奇艺首页。

图 3-46　爱奇艺首页

2. 腾讯视频

火热程度：★★★★★

用户画像：

男女比例差异不大；

年轻用户居多；

用户学历较高。

平台优势：背靠腾讯，流量大；大量的独家版权内容；大数据技术支持下的个性化推荐内容。

腾讯视频上线于 2011 年，是中国最大的在线视频平台之一，拥有丰富的优质流行内容和专业的媒体运营能力，是聚合热播影视剧、优质独家出品内容、体育赛事、大事件、新闻资讯等为一体的综合视频内容平台。

腾讯视频以"不负好时光"为口号，以更加年轻化、更能引起用户情感共鸣的定位亮相，秉承"内容为王，用户为本"的价值观，为用户提供高品质的服务体验。

图 3-47 所示为腾讯首页。

图 3-47　腾讯首页

3. 优酷

火热程度：★★★★

用户画像：

男性用户稍多于女性用户；

年轻用户居多；

一二线城市用户居多。

平台优势：运营和推荐能力强；构建内容生态圈。

优酷是阿里巴巴文化娱乐集团大优酷事业群下的视频平台，是中国领先的视频分享网站，是国内长视频行业的品牌。

优酷是中国最大的数字娱乐[1]平台之一，其拥有的优质内容是优酷引领文化娱乐产业的核心。优酷内容体系由剧集、综艺、电影、动漫四大头部内容矩阵和资讯、纪实、文化财经、时尚生活、音乐、体育、游戏、自频道八大垂直内容群构成。优酷奉行布局类型化、内容品牌化、排播自主化的策略，以"3+X"（3 为欢乐喜剧、燃血青春、纯美绝恋，X 为超级热剧）为方向持续打造热播剧集，搭建"6+V"（6 为脱口秀、喜剧、真人秀、亲

1　数字娱乐：动漫、卡通、网络游戏等基于数字技术的娱乐产品。数字娱乐涉及移动内容、互联网、游戏、动画、影音、数字出版和数字化教育培训等多个领域。

子类、偶像养成、音乐，V 为垂直热播综艺）的综艺新矩阵。

图 3-48 所示为优酷首页。

图 3-48　优酷首页

4. 长视频平台的广告形式

长视频平台的广告主要有 5 种类型。

● 贴片广告。

长视频贴片广告又被称为视频插片广告，是指在视频片头、片尾或播放过程中插播的广告。按照广告插入时间和位置的不同，该类广告又分为长视频播放前贴片广告、暂停贴片广告和播放后贴片广告 3 种形式。这种广告是长视频平台在诞生初期效仿电视媒体推出的广告形式，也是长视频平台运营中十分重要的广告形式。长视频播放前贴片广告如图 3-49 所示。

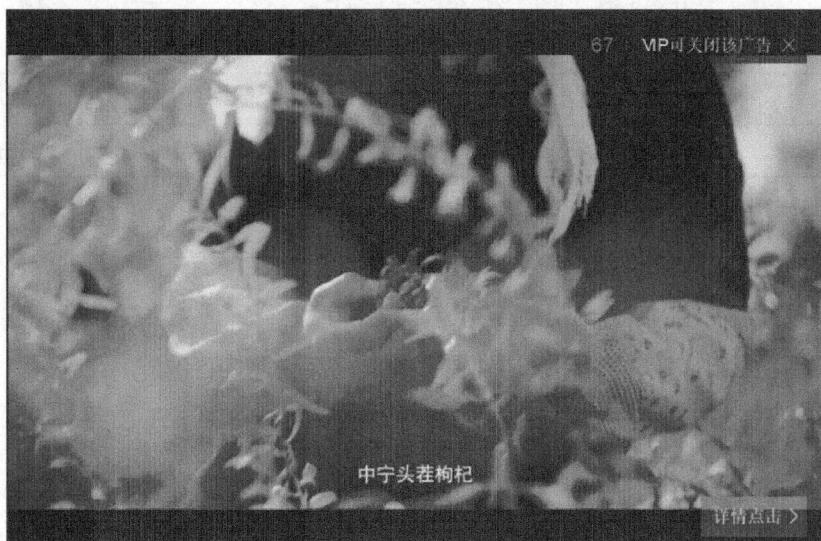

图 3-49　长视频播放前贴片广告

在运营初期，长视频平台担心破坏用户体验，对视频广告的投放采取随机插入的方式，广告时长一般不超过 15 秒；但随着视频网站用户规模的扩大，广告主对该类广告价值认可度和投放量的提升，长视频平台开始逐步增加贴片广告的时长，非会员用户必须观看完广告才能观看视频内容。

● 植入广告。

植入广告是指将产品或服务有意识地植入长视频内容中的一种广告类型。不同于冠名广告，植入广告最大的特征在于广告信息隐蔽，与视频内容关联紧密，可以在潜移默化中对产品或服务进行宣传。图 3-50 所示为电视剧中的产品植入广告。

图 3-50　电视剧中的产品植入广告

长视频植入广告通常通过以下 3 种方式植入，如表 3-6 所示。

表 3-6　长视频植入广告的方式

植入方式	具体操作方法
台词植入	通过视频内容将产品名称、特征等直白地传达给观众
道具植入	将需要植入的产品以道具的方式呈现在观众面前
场景植入	将品牌或产品融入场景中，通过故事的发展逻辑使品牌或产品自然露出

● 定制广告。

定制广告是指长视频平台或新媒体广告人员结合广告主的特点为其打造的剧集、栏目、微电影、纪录片等视频内容。这类广告的运作方式有两种：一是广告主委托制作，即广告主向长视频平台提出广告需求，由长视频平台的销售部门与内容部门进行联系，共同确定剧本、演员、广告等方案，然后再找导演及专门的制作机构制作相应内容；二是平台自发制作，再由销售部门负责招商。

例如，腾讯视频的汽车频道中，有专门开辟的广告节目为汽车品牌进行宣传。汽车定制广告如图 3-51 所示。

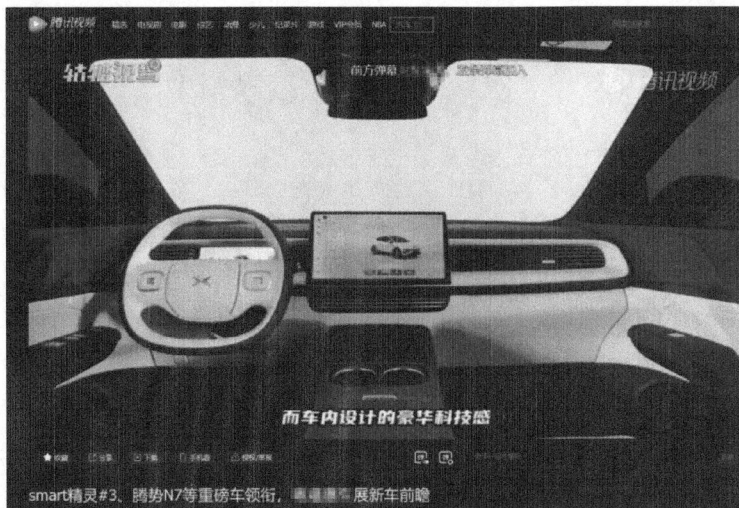

图 3-51 汽车定制广告

● 赞助 / 冠名广告。

赞助广告指广告主通过提供资金、物品等方式资助某类长视频节目，节目在其视频内容中以主持人口播或鸣谢等方式对广告主品牌或产品进行宣传的广告形式。当广告主提供的资金金额比较大时，还有可能成为该节目的独家冠名商。冠名广告如图 3-52 所示。

图 3-52 冠名广告

相较于其他形式的广告，赞助 / 冠名广告难以被用户跳过或屏蔽，贯穿视频内容的全过程，也更容易被用户所接受，具有较好的渗透效果。

● 角标广告。

角标广告原是指在视频播放过程中，悬挂在屏幕右下角的广告标志。随着科技发展，"弹幕广告""压屏条广告"出现了。

弹幕广告是指在视频播放界面上方以弹幕形式出现的广告信息。用户可直接点击这些广告，跳转到广告信息页面。

压屏条广告是指基于智能技术，在分析、抓取视频内出现的艺人、剧情、角色等数据的基础上，自动出现弹幕形式的创意文案。

角标广告如图 3-53 所示。

图 3-53　角标广告

课堂练习

请分析一下长视频平台广告的优缺点。

课后习题

1 请查阅网络数据和相关报道，找到近两年新媒体平台中，广告总收入排名前 3 的平台，并分析原因。

2 在成本有限的情况下，请尝试为某新品蛋糕选择 3 个较为合适的新媒体营销平台和广告形式，并说明理由。

3 除了文中所讲，你还知道哪些新媒体广告投放载体？

PART 04

第四章
新媒体营销策略

学习目标
- ➤ 掌握新媒体营销的基本策略。
- ➤ 了解新媒体营销的十大模式。
- ➤ 了解新媒体运营的五大板块。

素养目标
- ➤ 以实践为基础做营销,不怕吃苦,坚持奋斗,落实劳动精神、奋斗精神、创造精神。
- ➤ 坚持诚信为本,在营销活动中拒绝夸大、虚假广告宣传。

在数字时代,新媒体营销成为企业获取客户、促进销售和拓展业务的重要渠道,它不仅可以吸引目标客户群,增强品牌影响力,还可以提高销售额和增加企业盈利。

新媒体营销和运营的关键在于坚持不懈地挖掘和创新,以满足不同客户的需求,建立客户关系,提升品牌形象和价值,实现商业成功。通过学习本章,有关人员可以更好地进行新媒体营销和运营,使企业在激烈的市场竞争中持续发展、提升并获得成功。

在本章中,我们将深入探讨新媒体营销的基本策略、新媒体营销的十大模式及新媒体运营的五大板块,为企业的数字化营销和运营提供指导和解决方案。

4.1 新媒体营销的基本策略

新媒体营销包含平台、账号、内容、运营等方面，涉及因素较多，较为复杂。但万变不离其宗，对于企业和品牌来说，新媒体营销的基本策略离不开以下几点。

4.1.1 注意新媒体渠道卡位

要做好新媒体广告推广，就需要对日新月异的新媒体平台保持关注，注意不同新媒体平台上的热点、爆发特点，并思考其能否和自己的企业、产品及活动相结合。

1. 不同平台卡位

如今，企业做新媒体营销，要注意不能把注意力限制在微博、微信等主流新媒体上，新媒体营销者一定要对新媒体有全局性的把握，了解不同的新媒体，哪怕是新兴的媒体，也要创造接触和建立合作的可能。

表 4-1 所示为 2022 年某品牌的新媒体广告投放清单。

表 4-1 某品牌的新媒体广告投放清单

投放渠道	平台	形式
新闻客户端	今日头条	硬广、信息流广告
地方网站平台	城市范围的网络平台，含本地网站、App、微信公众号	软广、Banner
社交媒体	微信、微博、小红书	账号软广、平台广告、朋友圈广告
短视频	抖音、快手、B 站	垂类"达人"视频推荐、测评；剧情软广；平台信息流广告
BAT 平台	包括腾讯、阿里巴巴、百度旗下的各种产品	关键词搜索广告、信息流广告、本地生活服务广告
需求方渠道	通过竞价方式进行广告投放的第三方平台	—
图文渠道	知乎、小红书、豆瓣等	软文广告、平台信息流广告
房地产网络平台	各房地产专业网络平台	信息流广告、Banner
其他新媒体	喜马拉雅、数字电视	电台音频植入广告、电视贴片广告

平台卡位主要注意两点：一是要在不同新媒体平台上注册并认证企业或品牌账号，坚持做好运营和"涨粉"；二是要坚持在不同新媒体平台上投放广告，保持一定频率的曝光，全方位辐射全网络。做到这两点，虽然需要较高的运营成本，且前期可能看不到明显的回报，但却是必经的一步，尤其是对于大品牌来说。

2. 关注垂类大号

抖音、快手、小红书、微博、微信等平台上有很多行业优质大号，新媒体营销者要加以关注并定期分析，留意这些账号数据和营销效果，争取和账号团队建立直接的联系，这也是从业者积累资源的基本要求。

3. 维持媒体资源

新媒体营销者必须维护不同新媒体平台的人际关系，必要的时候进行平台合作，形成良性互动。

例如，如果企业要在"双十一"期间拿到平台的广告投放黄金位置，仅仅靠资金还不够，还需要和平台建立稳定的、信任的合作关系，这样就会比竞争对手更容易拿到优质的流量资源。

简单地说，新媒体营销者要从内容阅读者、分享者转移为内容评估者、整合者，只有这样，才能让企业从新媒体的受众变成新媒体的玩家。

4.1.2　自营和投放双管齐下

传统企业转型新媒体平台有两种模式：一种模式是自营，即品牌自营账号；另一种模式是投放。

1. 自营：长久的品牌维系

对于很多传统企业而言，首先要明确运营新媒体的目的。传统企业运营新媒体，目的不外乎三种，即品牌推广、产品销售、客户服务。

如果出于前两种目的，则自营和投放都需要维护；如果是为了提供客户服务，当然只能考虑自营新媒体体系。

例如，微信公众号很适合做客户服务平台，因为通过微信公众号，企业可以和用户一对一沟通，还可以借助关键词实现自动回复；而且万一用户有意见和投诉，企业也能及时沟通解决，有助于控制负面舆论。

如果企业的产品比较复杂或者用户群巨大，开设一个论坛让粉丝互相帮助也是一个不错的选择，如小米就开设有小米论坛。

此外，官网是企业的门面。对于一个企业来说，拥有自己的官网，并在百度等搜索引擎上有好的关键词搜索表现，有利于让潜在用户建立信任基础。

2. 投放：不定时的单品推广

企业在运营新媒体平台时，虽然要有在新媒体平台上卡位的意识，但不等于全部推广动作都必须依赖自己的新媒体平台；借助其他新媒体平台，选择合适的新媒体平台投放广告，或者利用他人的新媒体流量为自己的产品引流也是非常好的运营模式。

如果只是为了推广一款产品，而且这款产品的生命周期也不一定长久，那么围绕产品或者目标人群建立新媒体账户并加以运营未必必要：第一，企业未必具备运营好一个新媒体账户的人才和资源；第二，企业的产品有自己的生命周期，未必能等待新媒体账户运营到有能量回馈的时刻；第三，如果企业产品没有足够的美誉度，在自建媒体上做推广可能会导致大量潜在用户流失，不如第三方有公信力的新媒体账号推荐的转化率高。

以微博为例，微博是一个开放式平台，企业可以通过微博平台的转发模式做活动策划，借助微博大号转发提升运营能量，有效进行品牌推广活动。也就是说，哪怕品牌自己的微博账户粉丝少、能量低，但只要活动内容有趣，借助大号转发，一样可以达到活动目的。

课堂讨论

对于企业来说，在营销中自营账号和投放账号的优缺点各有哪些？

4.1.3 系统策划营销方案

新媒体运营并非有流量就有效果，而是需要系统策划的。越是有优质流量，越要精心策划热门话题，形成口碑社交传播效应。

碎片化阅读模式下，手机用户在短时间内可获得的信息量是巨大的。如果新媒体营销的创意不够吸引人，那么很容易就会被信息流湮没，宝贵的流量推送就会白白浪费。

新媒体营销团队必须在文案设计、图片选择、互动内容上下功夫，在正式推出方案之前，要客观评估以下问题。

● 针对目标人群，在对应的载体上用什么广告形式的效果更好？怎样的话题才有针对性，能引发大家关注和交流的欲望？

● 如何设计才能让用户自发传播？

● 如何把流量自然导入自己的产品推广中？

● 在什么时间段推送效果更好？

● 能否借势植入热点话题？

● 热点话题对品牌形象有无正面加分效应？

● 如果能够得到有效精准流量，如何引导用户进行更深入的咨询——是收集潜在客户信息还是马上转入在线互动？是提供在线咨询服务还是电话跟进？

● 每天的流量转化效果如何？

● 如何针对不同的流量平台评估效果？

● 如何动态调整运营策略，提高转化率？

● 在不同阶段，针对不同内容应该如何选择不同的合作平台？

新媒体营销团队需要反复研究这些问题，不断积累成功的经验，以便在后期策划中灵活运用。

4.1.4　利用热点玩出新花样

当企业或品牌利用热点来进行营销推广时，可以通过以下细化和具体化的方法来实现创意和提升吸引力。

1. 利用即时性，推出新鲜内容

在热点事件发生时，要注重时效性和新鲜度，快速发布与之相关的内容，引发大众的共鸣和讨论，提升品牌曝光度。

一旦有了相关的灵感，应尽快制作精美的视觉和文字内容，并发布到品牌的社交媒体账号上，引起更多用户的关注和共鸣。例如，在国家重大节假日来临之前，品牌可以准备特别的祝福或宣传语，或策划相关活动，及时发布，加深用户对品牌的印象，增强和用户的互动。

2. 利用互动，增加用户留存时间

新媒体营销者可以通过设置互动环节，吸引用户参与，增强品牌与用户之间的互动。

例如，针对某一热门话题，企业可以发起微博投票，吸引用户发表个人观点，提高用户黏性；或者发起抽奖活动，给用户提供参与的机会。多样化的互动形式，可吸引更多的用户参与，并增加他们的留存时间。

3. 利用话题，提升品牌曝光度

在利用热点话题进行品牌营销时，可针对不同的品牌需求和热点，采用不同的话题创意和策划方法。

例如，当社会上出现一些重大新闻事件时，营销团队可适当地制作一些品牌内容片段，融入品牌意识形态，使品牌与新闻事件结合，同时提高品牌在社交媒体的曝光率。

4. 利用创意，增大品牌差异化

借助新媒体平台的创意和实用性，以多样化的创新方式来打造独特的营销体验，可以促进品牌与用户之间的互动。

例如，企业可以利用虚拟现实技术来打造线上的购物和体验平台，为用户创造更真实、更刺激的消费场景；或者，在特定场合进行品牌营销时，可以通过拍摄创意视频、制作创意图文等不同的方式，来展现品牌的独特魅力和个性，吸引更多用户的注意力。同时，企业也要注重可实施性和可操作性，确保策划的营销方案与实际运营需求相符合。

阐述一下新媒体营销的基本策略。此外，除了本节所讲，你还能想到哪些？

4.2 新媒体营销的十大模式

新媒体营销花样层出，总结起来主要有以下十大模式。

4.2.1 饥饿营销

在日常生活中，很多品牌推出的产品，往往一上线就被销售一空。要达成这一效果，往往离不开饥饿营销策略的运用。

1. 什么是饥饿营销

饥饿营销一般运用于商品或服务的商业推广，是指商品提供者有意调低销售量，或者预售、定期销售，以期达到调控供求关系，制造供不应求的现象，以维护产品形象并维持商品较高售价和利润率的营销策略。

在物质生活日益丰富的今天，饥饿营销的最终目的并非提高商品价格，而是让品牌产生附加值。饥饿营销是把"双刃剑"，使用得当可以使原来就有较大影响力的品牌产生更大的附加值，使用不得当，则会对品牌造成伤害，并降低品牌的附加值。

2. 饥饿营销的运行条件

不是所有品类的产品都适合饥饿营销，饥饿营销多用于汽车、地产、电子产品、奢侈品等领域。饥饿营销的运行条件如下。

● 有固定粉丝群体。饥饿营销不适合新品牌、新产品，而是适合有一定知名度或者有固定粉丝群体的产品，能使用户愿意等待，付出时间成本。

● 提前造势宣传。饥饿营销要想成功，提前造势很重要，预售或者预约的用户越多，营销越成功。

● 产品有特色。产品能很好地满足用户需求且具有一定的稀缺效应是开展饥饿营销的基础，这种特色可以是外观上的、功能上的，也可以是价格上的，价格比较便宜，性价比高，也会使用户愿意购买。

● 把握营销力度。饥饿营销这把"双刃剑"在使用恰当时，会进一步提升品牌价值及品牌影响力，但长时间开展饥饿营销，一味地吊用户的胃口，往往会消耗用户的耐心，轻则导致用户转移目标至竞争对手，重则导致用户对品牌产生厌恶心理，令品牌价值被拉低。

3. 饥饿营销案例

快时尚品牌"优衣库"深谙饥饿营销之道,与"KAWS"品牌多次进行过联名合作。2019 年 5 月 31 日,"KAWS"品牌创始人考斯在其个人社交账号上发布消息,表示优衣库推出的 2019 年夏季联名款,将是"KAWS"品牌与"优衣库"的最后一次合作,同时指出此次的联名款单品的全球首发地在中国。

此消息一出,即引发我国喜爱"KAWS"品牌的用户的极大关注。2019 年 6 月 3 日,联名款单品一经正式发售,线上线下立刻引发了购买狂潮,甚至社交平台上也被各种购物小视频刷屏。图 4-1 所示为优衣库与"KAWS"品牌的联名款单品宣传示例。

图 4-1　优衣库与"KAWS"品牌的联名款单品宣传示例

据相关报道,优衣库天猫旗舰店售卖的"KAWS"联名款 T 恤,开售仅一分钟,商品详情页即显示"库存不足";线下也是如此,很多门店均表示开店十分钟左右,店里的六七百件成人款"KAWS"联名款 T 恤就被购买完了。此次营销,成功地实现了品牌传播与商品销售的双赢。

> **课堂讨论**
>
> 　　你遇到过饥饿营销的案例吗?你有购买实施饥饿营销的商品吗?为什么?

4.2.2　事件营销

互联网的快速发展给事件营销带来了巨大契机。通过网络,一个热门事件或敏感话题可以迅速地扩散、形成二次传播,在极短时间内成为广大用户共同关注的公共议题,企业和品牌的新媒体营销人员借助事件实现成功营销的案例也多有出现。

1. 什么是事件营销

事件营销是企业和品牌通过策划、组织和利用具有名人效应、新闻价值及社会影响的人物或事件，引起媒体、社会团体和用户的兴趣与关注，以求提升企业或产品的知名度、美誉度，树立良好品牌形象，并最终促成产品或服务的销售的手段和方式。

企业开展事件营销，通过把握新闻的规律，制造具有新闻价值的事件，并通过媒体的宣传，让这一新闻事件得以扩散，从而达到传播或营销的目的。只要事件本身具有足够的新闻价值，它就具有事件营销的价值和意义。

2. 事件营销的运行条件

● 相关性。企业和品牌开展事件营销的策划，需要在事件本身的新闻传播价值和产品的相关性之间寻找平衡点，以减少在事件传播过程中发布硬广的嫌疑。

● 心理需求。在策划事件时，新媒体营销人员需要关注目标用户所处地域的特点、年龄层次、文化特点、社会角色、收入水平等，从而策划出切中用户心理需求的营销事件。

● 大流量。因为名人和社会热点受用户的关注度较高，自带大流量属性，所以，当把产品与容易吸引大流量的新闻事件进行关联时，可以有效地提升产品或品牌的曝光率。

● 趣味性。平淡无奇的事件基本上毫无新闻价值可言，也就无法形成大规模的传播和扩散。

3. 事件营销案例

2021年"双十一"期间，网易严选借助"双十一"这一营销节点展开不同寻常的事件营销。

近几年的"双十一"，被越来越多的网友吐槽"优惠力度越来越小""套路越来越多""又是满减，又是领券、红包、预付定金、付尾款，哪是活动，简直就是大型奥数竞赛现场"。于是，网易严选站在用户角度，推出一个"双十一"反套路营销短片（见图4-2）。

图4-2　网易严选"双十一"营销

短片采用诙谐幽默的拟人手法，将买家和"双十一"的关系比作结婚多年的夫妻，细数了"双十一"的各种套路，包括跨店满减、小额优惠券等，用夫妻二人关系逐步走向破裂映射"双十一"活动与用户越来越远。

网易严选的这次营销借助"双十一"这一营销事件的噱头，反讽了"双十一"的套路，但又宣传了网易严选的"反套路""不用凑单满减，一件就是底价"，带动了网易严选的"双十一"销售额。

4.2.3 口碑营销

让每一位用户都能主动为自己的品牌进行宣传，是企业经营者梦寐以求的效果。但好口碑的形成，绝不是意外和巧合，而是有规律可循的。

1. 什么是口碑营销

口碑营销是企业运用各种有效的手段，引发用户之间对产品、服务及品牌整体形象进行讨论和交流，并激励用户向身边人群进行介绍和推荐的营销方式。这种营销方式具有成功率高、可信度强的特点。

口碑营销的重点在于实现了用户购买后的再分享。借助新媒体社交分享的便利属性，口碑营销大放异彩，成为新媒体平台最常见的营销模式之一。

2. 口碑营销的运行条件

● 鼓励核心用户。口碑营销的核心用户是指品牌的"铁杆粉丝"或深受品牌文化感染的用户。核心用户是口碑营销实现裂变的关键传播点，企业要善于抓住和鼓励核心用户主动为品牌进行宣传。

● 卖点简单有价值。短小精悍、紧扣产品卖点及价值的语言，可以让商品迅速在用户中扩散，尤其是在新媒体平台扩散。

● 包装品牌故事和文化。品牌故事是品牌传播声誉的有效工具，通过对故事的包装可以把企业品牌精神具象化，并用生动的故事形式呈现给用户，带动口碑传播。

● 注重细节。影响用户口碑传播的不仅是产品本身或品牌文化，还包括某些细微之处。企业应尽量避免不经意间的细节错误，认真打磨产品或服务的每一个环节，让用户感受到商品的与众不同与细致用心之处。

3. 口碑营销案例

海底捞可以说是口碑营销的典型案例了，很多关于海底捞的"热搜"新闻是由用户自发推动和传播而形成的。

海底捞唱生日歌，海底捞做美甲，海底捞叠千纸鹤，海底捞送西瓜，海底捞的尴尬瞬间，一个人吃海底捞，海底捞员工福利……，关于海底捞的话题内容经常被用户自发传播，久而久之"海底捞"已经成为一个流量关键词。海底捞的热搜话题如图 4-3 所示。

图 4-3　海底捞的热搜话题

关于海底捞的话题之所以流量大，一方面离不开海底捞的贴心服务和细节处理，另一方面也与海底捞的用户口碑息息相关。在很多用户心中，海底捞就是极致服务的代表。

这样的口碑和流量也使海底捞一旦推出新品或者新活动，都会被用户自发传播，形成"看不见"的营销。海底捞的贴心操作为海底捞"圈粉"无数，甚至在海底捞偶尔被曝出负面消息时，这些往日积攒的口碑也能帮海底捞渡过难关。

4.2.4　情感营销

当下用户的消费心理和行为，较之从前均有明显的改变，其消费行为逐渐从理性走向感性，从注重商品的实用价值过渡到注重商品的符号价值。

1. 什么是情感营销

现在，用户在购物时更注重环境、气氛、美感，追求品位，要求舒适，寻求享受，更注重情感上的满足和心理上的认同。情感营销即从用户的情感需要出发，致力于唤醒和激发用户的情感需求和心灵上的共鸣，寓情感于营销之中，通过有情的营销赢得市场的竞争。

企业开展情感营销，不仅强调企业和用户之间的买卖关系的建立，更强调相互之间的情感交流。因此，企业应致力于营造温馨、和谐、充满情感的营销环境，这对树立良好企业形象、与用户建立良好的互动关系、实现产品销量的增长至关重要。

2. 情感营销的运行条件

● 商品命名别致。

一方面，商品的名字需要与商品的属性相关联，能被意向用户接受，以及引发用户的联想。另一方面，商品的命名还需符合商品本身属性以及商品的意向用户定位，不恰当的名字毫无触发用户情感的作用。

以茶饮品牌"茶颜悦色"为例，"茶颜悦色"店内茶品的名称均很好地运用了中国传统诗词文化，显得十分雅致清新，如"风栖绿桂""幽深长远""幽兰拿铁""声声乌龙"等。用户在阅读这些茶品的名字时，会在脑中形成各种充满诗情画意的画面。

● 形象设计吸引注意。

形象设计包括商品 Logo 设计、商品外观设计与颜色设计。商品 Logo 需要与商品属性相结合，同时需要满足易看、易理解、易记忆等特点，这样才更容易引起用户的注意。

例如，在二次元文化的影响下，可爱的卡通形象深受广大年轻用户的喜爱，很多企业和品牌纷纷迎合这一趋势，在商品包装设计中融入各种卡通元素，或在宣传推广时直接将商品打造成拟人化的动漫形象，以吸引对二次元文化感兴趣的用户。

● 情感宣传与氛围烘托。

具有人情味以及宣扬某种积极向上思想文化的广告，通常能够提升商品形象，减少用户对广告的本能抵触。如喜之郎的"多点关心多点爱"。

为用户提供舒适优雅、具有感染力的营销环境，一方面能够提升商品及品牌的格调，另一方面在氛围的触动下，用户在无形当中更容易接受来自品牌的消费理念和产品信息，进而购买想要的产品或原本并未打算购买的产品。

3. 情感营销案例

粽子品牌五芳斋经常在春节、清明、端午、中秋等传统节日发声，凭借多条或幽默或搞怪或温暖或萌趣的广告片，赢得了不少年轻用户的信任和喜爱。

2020 年"双十一"前，为了更好地利用"双十一"这一营销节点，提升品牌和"双十一"主打产品的知名度，五芳斋在各大新媒体平台上映以"爱上生活的柔软"为主题的短片《软点好》。

该条短片一反五芳斋此前搞怪的拍摄风格，而是以两个人形糯米团子（见图 4-4）为主角，通过两个糯米团子轻松惬意的对话，展开对"爱情""成年人""爬山"这三个主题的思考。

除了广告片外，五芳斋围绕"爱上生活的柔软"这一主题，又推出了汇聚更多感悟和情绪的系列海报，继续用温暖、治愈的文字，道出用户隐藏的细腻情感，击中用户内心的柔软。五芳斋主题海报如图 4-5 所示。

图 4-4 《软点好》视频主角人形糯米团子形象

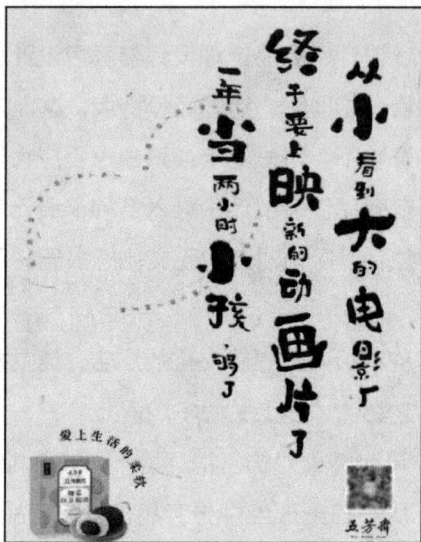

图 4-5 五芳斋主题海报

五芳斋的一系列短片和海报，吸引了众多用户在评论区内留言，留言内容或为复制的短片和海报中的走心文案，或为由文案引出的用户自己的经历和回忆，用户纷纷表示被这一系列短片和海报"软"到了。

五芳斋的广告另辟蹊径，围绕糯米团子本身"柔软"的特征，提出"爱上柔软的生活"的品牌主张，抓住了用户的精神需求，构建了食物和人之间的关系，以美食和治愈系的广告温暖人心。

课堂练习

请打开手机，找到一个情感营销案例，并分析其中的情感关联。

4.2.5 互动营销

每一次媒体形态的进步都给营销行业带来了新的想象空间。毫无疑问，互联网带来的

"互动性"这一媒体形态是营销实现跳跃式发展的重要契机。营销与互联网的结合，帮助企业实现了精准用户的寻找，有利于企业发现许多鲜有人挖掘的市场，找到实现商业变现的途径。

1. 什么是互动营销

互动营销是指企业在营销过程中充分采纳用户的意见和建议，用于商品或服务的规划和设计，为企业的市场运作服务。企业通过互动营销，让用户参与到商品以及品牌活动中，拉近用户与企业之间的关系，让用户在不知不觉中接收来自企业的营销信息。

2. 互动营销的运行条件

● 熟悉用户属性。通过已有数据或市场调研，企业可以对用户进行分析，了解用户的年龄层、社会角色、收入水平、分布区域、家庭状况等信息，全面地了解用户有助于企业与用户进行有效的互动沟通。

● 设计好互动内容和渠道。掌握用户属性及商品属性，有助于新媒体营销人员确定适合的形式、风格与内容。同时，了解意向用户的区域分布及喜好，也有助于企业构建全面的互动渠道，让企业通过渠道触达用户，通过内容触动用户。

● 注重反馈机制。互动双方需要有反馈机制的相互影响，没有反馈机制的互动营销将无法持续，企业需要用户反馈关于商品及服务的改进意见，用户需要企业提供便利的服务和额外的激励，良性而恰当的反馈机制有助于企业与用户之间保持有效而持久的沟通。

3. 互动营销案例

合生元是一个国产母婴品牌，有二十多年的品牌历史和专业沉淀。2020 年 4 月，合生元在抖音开展了一场主题为"抖出天生保护力"的保护力挑战赛营销活动，该活动在多个"母婴萌娃"类大号的带动下形成了初步的扩散，起到了一定的预热作用，并带动用户自发互动参与。

用户只需要点击话题中的"立即参与"，就可以拍摄带有合生元特效和图标的视频，其互动活动如图 4-6 所示。这种有趣且轻松的参与方式吸引了大批用户自发拍视频"晒娃"。

合生元还专门为此次活动设置了较有吸引力的奖项，奖项价值在 1 000 元至 10 000 元，活动方会根据用户视频内容的活动相关度和点赞数量选出 33 名获奖者。

由于合生元的此次活动以品牌理念宣传为主，不直接售卖商品，弱化了营销性质，所以减弱了用户的抵触心理，用户参与活动的积极性大大提高。用户在发布视频的过程中，也间接宣传了合生元"延续母爱 天生保护"的品牌理念。

图 4-6　合生元的互动活动

　　整个营销活动持续时间为 15 天，公开数据显示，此次亲子挑战赛活动共有超过 80
万名抖音用户参与，共产生超过 88 万个参赛视频，视频总播放量超过 40 亿次。

　　此次活动的合生元特效贴纸使用数量超过 52 万个，贴纸使用数量是行业均值的 2.3
倍。再加上通过搜索引流和一系列广告的投放放大声量，合生元的正面舆论指数最终增长
了 6 000 倍。

4.2.6　裂变营销

　　裂变营销是一种常见的营销方法，常用于平台推广、品牌推广等活动中。

1. 什么是裂变营销

　　裂变营销，又称病毒式营销或核爆式营销，是利用公众的积极性和人际网络，让营销
信息像病毒一样快速地进行裂变式传播和扩散，营销信息被快速复制并传向数以万计、数
以百万计的用户，使营销信息深入人心。

　　病毒营销与口碑营销的区别在于，病毒营销是基本由用户自发形成的传播，其传播费
用远远低于口碑营销；病毒营销的传播方式主要依托网络，传播速度远比口碑营销传播快。

2. 裂变营销的运行条件

　　● 种子用户的选择。裂变的目的是通过种子用户带动更多的新用户加入，不断拉新
以获得用户数量增长。所以种子用户必须是高活跃度的、忠实的、响应度高的用户，这样
才能带动裂变的效应。

● 裂变催化剂的投放。裂变催化剂可以理解为"福利"，要想让用户转发、拉新，企业一定要提供利益驱动，或者有好的创意内容、交互情景、有趣的玩法等，这样方能形成裂变催化剂。

● 分享趣味的满足。传播动作的趣味性也决定着活动的发酵程度。如果一个内容符合用户的心理需求，且能够在用户的朋友圈中掀起一次热议，则不论该话题是否与企业产品相关，仍有大量用户愿意主动分享和扩散。

3. 裂变营销案例

很多电商品牌都会在营销节点发起裂变营销，如天猫平台的"双十一"比拼赛，拼多多的"砍价"活动，支付宝近几年的"集福"活动等。

每年春节前夕，支付宝便发起"集福"活动——支付宝用户只要在指定时间内，在支付宝内集齐"爱国福""富强福""和谐福""友善福""敬业福"5 张福卡，便可以与全国其他集齐五福的用户共同分享支付宝发放的总金额上亿元的超级大红包。

集福卡的方式有很多，例如：用户可以与自己的好友分享互换福卡；也可以通过扫描"福"字获得福卡；在支付宝内新添加 10 名好友，还可以获得平台赠送的 3 张福卡。所以，在这种激励下，大量支付宝用户开始加他人好友，并邀请身边好友开通支付宝，这种"人传人"的营销起到了病毒式的裂变作用。

无论哪种方式，支付宝官方的营销目的在于激励新用户注册使用支付宝，鼓励支付宝用户互加好友，为支付宝增添更多社交属性。数据表明，支付宝首次"集福"活动便大获成功，在该活动的推动下，2016 年猴年除夕夜，支付宝"咻一咻"互动平台的总参与次数达到了惊人的 3 245 亿次，有 79 万位用户集齐了五福。

随着集五福活动的成功，该活动也成为支付宝每年必备的过年活动之一，如今该活动已经连续开展了几年，相关数据也显示，有越来越多的用户，包括很多海外华人也参与其中，活动范围呈现全球化趋势。

课堂讨论

你在好友的带动下参与过裂变营销类活动吗？请阐述参与的流程和裂变机制。

4.2.7　借势营销

借势营销需要企业敏锐把握社会热点，紧跟社会潮流。借势营销集新闻效应、广告效应、公共关系、形象传播、客户关系于一体，已经当之无愧地成了企业进行新产品推介、品牌展示、建立品牌识别系统和品牌定位等营销活动的重要策略。

1. 什么是借势营销

借势营销是一种比较常见的新媒体营销模式，具体表现为借助广大用户关注的社会热点、娱乐新闻、媒体事件等，策划相关的营销活动，以达到影响用户的目的。如果企业能够敏锐地把握跟自身关联度高的"势"，往往能够起到四两拨千斤的作用。

2. 借势营销的运行条件

● 合适的热点。每天都有各种热点不断出现，新媒体营销人员需对这些热点进行筛选，筛选出适合自身产品特性与用户定位的热点，进而策划相应的营销活动。通常企业可以借助的热点有娱乐热点、社会热点及节日热点。

● 反应速度快。合适的热点有时稍纵即逝，在互联网上，一个社会热点的平均寿命一般不超过3天。当多个企业或品牌先后进行借势营销时，后来者的影响力往往会远低于先行者。

● 创意策划。对于日常热点事件，新媒体营销人员在跟进时可以将恰当的产品信息进行改动，迅速制作出传播内容。针对大型热点事件或企业自身、同行业热点事件等，新媒体营销人员需要进行周密的活动策划，从前期策划、中期传播到后期收尾的每一步，新媒体营销人员都需设计传播点并植入产品信息。

3. 借势营销案例

2021年9月27日，小米新品手机Civi上市。作为小米主推的新品手机，此款手机在外形、功能、性能上与小米以往推出的手机有较大区别，主打"好看"，其口号为"天生好看"，强调其手机外形好看、拍照功能强大。

在新品发布当天，小米以"当代青年天生好看"为突破口，以微博平台为主要营销阵地，以短视频为主要形式，开展了较有话题性、较大传播力度的新品营销宣传活动。当天，小米Civi手机成了很多媒体平台的热搜词。

因手机上市赶上"十一黄金周"，于是小米借助国庆节的旅游热度持续发力，将小米Civi手机与黄金周进行关联，延续"我的祖国天生好看"的话题，引导用户拍照记录与祖国壮丽山河的合影，如图4-7所示。

在抖音平台，小米手机继续延伸"天生好看"的话题，联合平台"达人"演绎与"天生好看"相关的视频内容。在"达人"的带动下，众多用户纷纷参与到"天生好看"的内容创作中，发布以"我的闺蜜天生好看""我的妈妈天生好看""我的家乡天生好看"等为主题的视频，将"天生好看"这一话题进一步扩充和延伸。

总结小米Civi手机的此次新品营销可以发现，小米利用"天生好看"这一口号，借助国庆节的旅游热潮，将年轻人的审美兴趣与祖国大好河山相联系，激励用户参与制作内容和传播。整个营销过程既有基于社会层面和祖国层面的价值升华，又贴近年轻用户的生活和喜好，是一次较为经典的新品营销案例。

图 4-7　小米 Civi 手机借势国庆营销

4.2.8　IP 营销

IP 营销中的"IP"原意为知识产权（Intellectual Property），即基于智力的创造性活动所产生的权利。近年来，随着 IP 内容的丰富及可观的商业价值，IP 的含义已超越"知识产权"这一范畴，正在成为一个营销概念。

1. 什么是IP营销

IP 营销指的是以艺人、"网红"等具有一定粉丝基础的原创人物或形象作为核心，利用其影响力、话题性或特殊属性，为品牌或产品进行营销推广的一种营销策略和模式。

IP 营销的本质是让品牌的力量成为企业与用户之间的沟通桥梁。企业通过 IP 营销把 IP 注入品牌或产品中，赋予品牌或产品温度和人情味，这一沟通桥梁大大降低了企业与用户之间、用户与用户之间的沟通门槛。

2. IP营销的运行条件

● 人格化的内容。人格化是企业通过一些文化创作手段，赋予产品情感、情绪，让产品拥有像人一样的性格或感情。企业通过人格化的 IP 营销，可以建立起企业与用户之间的互动关系，使企业的品牌形象在用户心中更有温度，而非仅仅是其官方平台的基本文字说明。

● 原创性。IP 的原意有知识产权的含义，强调智力活动的创造性，正因如此，优质的原创性内容才有可能成为 IP。IP 营销同样需要企业在表达风格、呈现形式及承载的精神文化上具备原创性和独特性，模仿抄袭的营销方式会拉低企业的品牌价值。

● 持续性。IP 的建立需要持续的人格化内容输出。通过长期持续的内容输出，企业可以把 IP 打造得更为立体鲜活，增加 IP 的价值。

3. IP营销案例

蛋糕品牌"熊猫不走"成立于 2018 年，成立三四年便快速打开市场并被用户熟知，年营业额超过 8 亿元，成为行业"黑马"，其成功离不开 IP 营销。

"熊猫不走"的 IP 营销主要体现在以下三点。

一是在品牌形象设计上，"熊猫不走"以一只捧着蛋糕的卡通熊猫作为品牌 Logo，如图 4-8 所示。熊猫作为人们认知度较高的 IP，非常受欢迎，以熊猫形象作为 Logo，能在很大程度上加深用户记忆。

二是在产品设计上，"熊猫不走"的蛋糕设计会强调熊猫 IP，无论蛋糕的外包装，还是蛋糕上的卡通熊猫贴纸、卡片，抑或是蛋糕本身的设计，都会加入品牌 Logo，强化视觉记忆点，给用户留下印象。

三是在产品的配送环节，"熊猫不走"强调了仪式感，其蛋糕都是以穿着熊猫玩偶服装的工作人员来配送的（见图 4-9），会给过生日用户以惊喜和仪式感，给用户带来较强的场景体验。所以这种场景也经常会被用户录制视频或拍照，发布在朋友圈或者抖音上，这也直接带动了品牌的传播。

图 4-8　熊猫不走的品牌 Logo

图 4-9　熊猫不走的配送服务

对于企业和品牌来说，在构思 IP 营销的时候，一方面可以从卡通形象入手，设计有卡通元素的新品，或者跨界和卡通形象合作，强化用户记忆；另一方面，也可以和在某方面知名度较高的 IP 人物合作，借助人物势能和特色来强化品牌的传播。

课堂练习

请找出一个 IP 营销的案例，并进行分析。

4.2.9　社群营销

社群营销与会员营销类似，企业将活跃度较高的忠实用户聚集起来，针对忠实用户的表现给予其区别于普通用户的特殊权益，以加强"铁杆"用户的忠诚度，为企业的品牌推广、产品推广、公关事件等活动提供支持。

1. 社群营销的运行条件

一个社群能够进行营销，实现变现，一般需要具备同好（Interest）、结构（Structure）、输出（Output）、运营（Operate）、复制（Copy）五个要素。

① 第一要素——同好，它决定了社群的成立基础。"同好"是对某种事物的共同认可或行为，可以基于某一个产品或某一种共同的学习兴趣。

② 第二要素——结构，它决定了社群的存活。这需要对社群的结构进行有效的规划，结构包括组成成员、交流平台、加入原则、管理规范。

③ 第三要素——输出，它决定了社群的价值。社群有了同好和结构也不一定能保持社群的生命，还需要不断输出优质内容。优质内容的产生可能来源于群主，也可能来源于群成员。社群需要为群员提供稳定的服务输出，群员只有获得输出价值，才愿意长期留在社群里。

④ 第四要素——运营，是社群保持活跃的关键，它包括仪式感、参与感、组织感、归属感四个方面。社群运营的目的是要让社群成员认识到本社群是有组织的。社群管理员可以组织社群成员参与社群活动的组织策划和内容输出，以便增强社群成员的归属感。

⑤ 第五要素——复制。可复制的社群模式是拓展社群规模的前提，是否可复制也是检验社群模式成熟与否的关键。社群成员基数过大，会导致原来的核心群成员之间的感情淡化。基于此，社群管理者可以考虑将规模日益庞大的社群分化成多个并行运营的子社群。

2. 社群营销案例

秋叶大叔是一名新媒体实战专家兼知识类 IP"达人"，在微博、微信公众号、抖音、快手、小红书、视频号、知乎等平台都积累了较多的粉丝，全网粉丝量超过两百万，而这些积累的粉丝，有一部分沉淀在秋叶大叔的粉丝群中，社群一共超过 900 个，社群总人数超过 12 万。秋叶大叔的社群分布情况如图 4-10 所示。

其社群的群友流失率很低，大多数群友都是长期待在群中的。通过社群，营销团队实现持续的变现，包括售卖图书、食品、课程，引流高客单价产品等，是较为成功的社群营销案例。

该社群营销如此成功，主要有以下原因。

● 同好——名人同在。一方面，群内粉丝都是对学习某类知识有共同兴趣的，该社群是比较典型的学习类社群。另一方面，群内成员多是秋叶大叔的粉丝，而且"秋叶大叔"的企业微信号会不定时在社群内跟大家互动，给粉丝以亲近感，让大家感觉与名人同在。

社群	账号	社群数/个	社群人数/人
秋叶书友会	秋叶大叔下-1	200	25 840
	秋叶大叔下-2	200	24 076
	秋叶大叔下-3	200	27 493
	秋叶大叔下-3 (国际)	28	3 854
	秋叶大叔下-4	46	3 330
秋叶同学会	阿萌萌	114	18 837
	小萌老师	152	23 806
总计		940	127 236

图 4-10　秋叶大叔的社群分布情况

● 结构——明确的群规划。虽然社群多，但是管理上有明确的规范，有严格的群规，不同的群管理重点也不一致，这使得这些社群能够长期、持续地存在。

● 输出——提供群价值。在社群中，工作人员每天都会发布一个知识类话题，或者分享相关文章，有时候是前沿趋势分析，有时候是好用的工具推荐，这些都能让群友感觉到这个社群的价值而不愿离开。

● 运营——合适的活跃度。社群多，管理起来有难度，群黏性太高或太低都容易有问题，其社群运营人员在这方面也严格把控着力度，使社群保持着合适的活跃度，不给群友造成负担但也保持着一定的存在感。

● 复制——可复制的裂变模式。起初是没有这么多社群的，但是在后期的社群裂变活动中不断扩展、拉新，吸引了新的"粉丝"加入，于是社群逐渐增加。这些裂变模式和玩法在秋叶营销团队已经形成了标准化流程，复制起来并不复杂。

4.2.10　跨界营销

随着市场竞争的日益加剧，行业与行业的相互渗透与融合已是常态，市场已经很难清楚地界定某个企业或品牌的属性。跨界现已成为一个流行词汇，从传统到现代，跨界的风潮愈演愈烈，其代表一种新锐的生活态度和审美方式的融合，跨界营销也成为一种丰富品牌内涵、拓展品牌边界、提升品牌曝光度的营销方式。

1. 什么是跨界营销

跨界营销是指根据不同行业、不同产品、不同偏好的用户之间所拥有的共性和联系，将一些原本毫不相干的元素进行融合、互相渗透，进行彼此品牌影响力的互相覆盖，并赢得目标用户的好感。

2. 跨界营销运行条件

● 合适的跨界品牌。跨界营销的关键是合作的品牌属于不同的品类，且必然在某方面存在互补性而非竞争性。互补不仅是产品功能的互补，更重要的是彼此品牌覆盖用户的互补。通过跨界营销，双方的用户可以同时了解两个品牌，使参与合作的品牌得到最大程度地曝光。

● 找到品牌契合点。跨界营销合作双方的出发点是双方用户对双方品牌都有需求，营销关键点是找出品牌双方的共鸣点，让合作显得自然，这种和谐的氛围促使用户接受营销活动所释放的产品信息，最大化实现用户的转化。

● 进行系统化推广。跨界营销的目的是彼此通过合作达到单方面不能达到的影响力。在合作宣传中，双方需要合力开展系统化、全面性的推广营销活动。跨界双方在营销之前，需要在双方的共同点或营销中的共同利益，以及在推广渠道、推广内容、活动形式及传播周期等方面达成一致，进行系统化的全面推广。

3. 跨界营销案例

上文提到过的小米 Civi 手机的新品上市营销，其实也很好地运用了跨界思维，是一个典型的跨界营销案例。小米 Civi 手机的新品宣传涉及多个平台联动，多种品牌跨界营销，多种营销方式互相补充。

在召开 Civi 手机发布会之前，小米在微博平台已经为 Civi 手机做了较为充分的预告，为新品发布预热。预热以跨界营销的方式为主。

Civi 手机的口号是"天生好看"。上市前两天，Civi 手机联合 20 多个品牌发布微博，将"天生好看"这一理念延伸到了更多消费领域。

Civi 手机推出和美妆品牌卡姿兰的"天生好妆面"，和护理品牌半亩花田的"天生好滋润"，和上海海昌海洋公园的"天生好心情"等品牌联合营销活动，如图 4-11 所示。一系列跨界海报的推出，不仅直接预告了新品发布活动，更形成了一个强大的营销矩阵，扩大了 Civi 手机的营销辐射群体。

可以发现，小米 Civi 手机的此次跨界营销，利用"天生好看"这一口号将年轻人的审美兴趣延伸到不同领域，成功地联合不同品牌，实现了一次营销的多个跨界。

课堂讨论

你购买过什么跨界营销的商品吗？请阐述当时的购买心理。

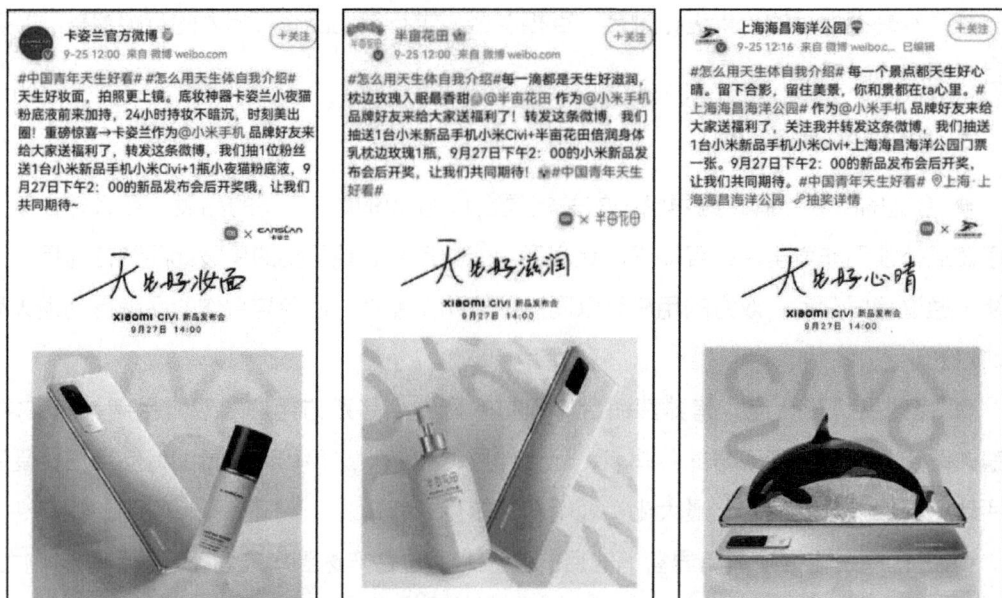

图 4-11　小米 Civi 手机的品牌跨界营销

4.3　新媒体运营的五大板块

营销一般针对某个产品或者活动，但运营在于日常维护。新媒体运营是指企业和品牌通过新媒体平台的各种运营动作，包括在新媒体上发布高质量的内容、吸引用户、与目标用户互动等，从而提高品牌曝光度和用户参与度，实现营销策略。

成功的新媒体营销离不开持续有效的新媒体运营动作，运营是营销的基础。新媒体运营可以细分为用户运营、内容运营、活动运营、产品运营、社群运营五大板块，这五大板块在新媒体运营过程中发挥着不同的作用。

4.3.1　用户运营

用户运营是一个比较宽泛的概念，广泛而言，一切以用户为中心开展的工作都属于用户运营的范畴。

在新媒体运营中，很多工作是围绕用户展开的，如产品开发、内容生产、活动设计、社群运营等；甚至很多运营工作的最终成效，就是以用户数量的增长、用户的转化等与用户相关的指标来衡量的。

用户运营的工作主要围绕四个方面展开：拉新、促活、留存和转化，如表 4-2 所示。

表 4-2　用户运营的四个方面

类型	目的	对象
拉新	实现企业用户 / 粉丝规模的扩大	所有符合企业目标用户特征，但暂时还未成为企业用户的群体

续表

类型	目的	对象
促活	提高用户打开频率和增加在线时长	企业现存的所有用户
留存	减少流失用户，对已流失用户进行召回	企业正在流失及已经流失的用户
转化	将潜在用户转化为付费用户，获取收益	企业现存的所有用户，尤其是活跃用户

因此，新媒体运营者（简称"运营者"）需要进行用户日常管理，吸引新用户关注，减少老用户流失，同时想方设法激活沉淀用户。

4.3.2　内容运营

内容运营指的是运营者利用新媒体渠道，用文字、图片或视频等内容形式将企业信息友好地呈现至用户面前，并激发用户参与、分享、传播的完整运营过程。

新媒体内容运营并不是简单地写一篇文章、录一段视频或制作一张图片，而是要让更多的用户打开内容、完整浏览内容并愿意互动或传播，甚至是激励用户参与共创。

要想做好内容运营，一般需要具备以下能力。

1. 识别、采集优质内容

内容运营工作需要新媒体运营者经常使用各大新媒体平台，通过大量阅读以及对优质内容的分析来积累经验和素材。因此，运营者需要熟悉各平台规则及平台上的优质同行账号，并且能够识别及采集优质的内容。

2. 热点洞察能力

内容运营工作经常需要运营者借助热点提高内容的曝光度。但热点的热度持续时间通常比较短，因此运营者需要经常关注各大新媒体平台，在热点出现后，在短时间内迅速做出反应，在热点事件中快速找到和品牌或产品相关的内容角度，完成内容的创作及发布。

3. 文案编辑能力

运营者应该具备基本的文案编辑能力，熟悉广告法的相关规定，并且可以根据用户的需求撰写包括微信公众号推文、产品文案、互动文案、活动文案等在内的文案内容。

4. 熟练使用内容编辑工具

运营者在进行内容创作时，需要使用一些内容编辑工具，常用的有排版工具、H5制作工具、图片处理工具和视频剪辑工具等。在每一类型的工具中，运营者需要熟练掌握1～3个工具的使用方法。

- 排版工具，如秀米、135 编辑器、壹伴等。
- H5 制作工具，如易企秀、兔展、MAKA 等。
- 图片处理工具，如美图秀秀、黄油相机、图怪兽等。
- 视频剪辑工具，如剪映、小影、爱剪辑、iMovie 等。

5. 数据分析能力

运营者必须具备一定的数据分析能力，在每篇内容发布后都对其进行数据分析。运营者需要知道在内容发布后应该监测哪几项数据，并通过数据工具进行数据采集和分析，了解内容是否符合用户的需求，找到内容中可以完善的部分。

4.3.3 活动运营

活动运营指的是围绕企业目标而系统地开展一项或一系列活动，包括阶段计划的制订、目标分析、玩法设计、物料制作、活动预热、活动发布、过程执行、后期发酵及效果评估等过程。

规模较小的新媒体团队一般不会设置专门的"活动部门""活动组"等，因为活动是其他模块都会涉及的重要部分。

新媒体活动运营需要关注策划与执行。在进行新媒体活动前，运营者需要进行详细策划，明确活动目的并确定活动形式、内容、时间计划等；活动完成后，运营者需要进行任务跟进与活动复盘。

活动运营的效果体现在活动的用户参与度上，但是持续提升用户参与度比较困难。一方面，现阶段用户的选择较多，通常不会对同一家企业、同一个账号或同一类活动保持浓厚兴趣；另一方面，活动运营团队很容易在策划几次活动后，进入"思路枯竭""创意失效"的状态，自然无法激发用户的参与热情。

因此，活动运营的关键点是跨界与整合。活动运营团队可以与其他行业的企业举办联合活动，同时整合各方面传播资源，以确保活动效果。

4.3.4 产品运营

产品运营指的是从内容建设、用户维护、活动策划三个层面来连接用户和产品，并塑造产品价值和商业价值的新媒体手段。

狭义的产品运营指的是企业的互联网产品运营，包括企业手机软件的设计与开发、企业网站的运营与调试等。广义的产品运营是指把新媒体运营过程中涉及的账号、平台、活动等项目都看作产品，对其进行策划、运营与调试。

例如，今日头条账号也可以被看作一件产品。用户在开通后，需要进行以下工作：

- 产品调研（搜索相关今日头条账号，了解其日常内容）；
- 前期设计（头像设计、简介设计、选题设计）；
- 上线调试（撰写文章并测试阅读数据）；
- 正式发布（度过新手期后，正式撰写）等。

产品运营的关键点是类型分析与周期判断。一方面，产品运营负责人需要准确识别产品的类型，针对不同的产品采用差异化的运营模式。另一方面，产品运营负责人必须清晰地判断出产品的生命周期，根据产品的生命周期及时调整运营策略。

4.3.5　社群运营

社群运营，是指运营者通过在群内持续向用户提供价值、维护社群秩序、举办社群活动等运营手段，最终帮助企业实现品牌宣传、用户维护、用户裂变、产品销售等运营目标。

社群运营的目的有以下几点。

1. 品牌宣传及产品销售

企业可以在社群中长期、高频地向用户传递信息，从而达到品牌宣传和产品销售的目的。在信息传递的过程中，企业无须支付大量的广告成本，可以通过社群活动等方式刺激用户购买产品，提高产品的销售转化率。

2. 引流裂变

企业在积累一定数量的种子用户后，还可以通过社群裂变新用户，实现用户拉新的目标。运营者首先需要建立一个高价值的社群，根据目标用户的需求，为群内用户提供免费课程、红包、奖品等有吸引力的内容，再引导种子用户扩散社群信息，吸引新用户进群，从而实现用户的裂变与增长。

3. 用户维护

在社群中，企业不但可以向用户传递信息，还可以实现与用户的双向沟通，加强和用户之间的情感连接。同时，企业还可以在群内举办福利活动、打卡活动等，实现用户促活、提升用户黏性等运营目标。

4. 提供服务

某些产品本身就包含了社群服务，企业需要在社群内完成产品交付。这类社群运营的重点是要保证兑现向用户承诺的社群价值，同时以引导用户复购及传播口碑为社群运营目标。

新媒体营销概论（第3版 慕课版）

课堂讨论

你进入过什么社群，社群里都有哪些运营动作？

课后习题

1 近两年，让你印象最深刻的新媒体营销是哪个产品或品牌的营销，详细分析一下其运用了哪种营销模式。

2 假设你现在想要在校园内售卖一款手绘 T 恤，在营销成本和人力都有限的情况下，你觉得运用哪种营销模式最为合适，最有效果？

3 在新媒体运营的五大板块中，你觉得最难的是哪个板块？为什么？

PART 05

第五章
短视频营销与运营

学习目标
- ➤ 了解短视频营销的价值与优势。
- ➤ 清楚短视频营销的选题创意。
- ➤ 弄懂短视频账号的运营策略。

素养目标
- ➤ 弘扬中华民族优秀传统文化，在短视频内容设计中融入优秀传统文化和民族精神元素。
- ➤ 坚守内容底线，从个人做起，坚持内容的积极向上，共同营造文明、和谐、友善的网络环境。

在娱乐化的今天，短视频极大地获取了用户的注意力，占据了大多数用户的休闲时间，短视频平台也成为新的流量阵地。因此，短视频成为众多企业和品牌的营销首选。

在本章中，我们将深入探讨短视频营销的价值与优势，即短视频能够为企业营销带来哪些机会；将学习企业短视频的选题创意，即从企业营销的角度，学习该如何策划出有创意的短视频；将学习短视频账号的运营策略，即企业要如何运营自己的短视频账号。

通过本章的学习，企业及新媒体从业者可以更好地利用短视频为企业宣传助力，从而实现更好的营销效果。

5.1 短视频营销的价值与优势

短视频作为一种新的信息传播方式，取代了传统的文字、图片、长视频，具有短、平、快的传播特点。然而，短视频真正的商业价值并不在于短视频本身，而在于短视频作为一种传播和营销推广渠道，被各方力量有效利用。

5.1.1 电商变现机会

中国互联网络信息中心（CNNIC）发布的第51次《中国互联网络发展状况统计报告》显示，截至2022年12月，我国网民规模达10.67亿，其中网民使用手机上网的比例为99.8%；此外，短视频的用户规模达到10.12亿，占比达到94.8%。

可以说，平均每100个人里就有约94个人的手机安装了短视频软件。有用户的地方就有营销机会，企业可以尝试在短视频平台的流量上升期拍摄优质的短视频并直接销售产品，实现电商变现。

案例

快餐品牌"麦当劳"在抖音平台有多个自营账号，在发布原创优质内容的基础上尝试进行优惠券售卖和外卖配送服务。2022年11月1日，其账号"麦当劳抖金店"单日直播销售额达到1 000万元左右，将同行远远甩在后面。其抖音账号及其直播如图5-1所示。

图5-1　麦当劳的抖音账号及其直播

5.1.2 品牌曝光机会

由于短视频的流量分配是去中心化的，系统会根据用户的兴趣主动推荐用户可能感兴趣的内容，这就使得每个账号理论上都有机会"爆红"。因此，企业可以借短视频平台充分进行品牌曝光，用更快的速度获得更高的知名度。

秋叶团队从 2017 年开始入局短视频，仅用了三四年便孕育出矩阵账号"秋叶 PPT""秋叶 Word""秋叶 Excel"等，如图 5-2 所示。

这些账号在多个短视频平台持续输出优质内容，积累了总数超过千万的粉丝。这些账号也逐渐扩大了秋叶品牌的知名度，使得秋叶品牌在 PPT 方面、在职场办公领域、在个人品牌方面的知名度不断扩大。

图 5-2 秋叶品牌矩阵账号

5.1.3 口碑传播机会

企业和品牌通过短视频输出优质内容或提供优质服务，可以借用户之口促进传播，提升美誉度。

美誉度指一个组织获得公众信任、好感、接纳和欢迎的程度。在新媒体领域，美誉度特指用户对企业或机构的口碑与评价。由于互联网的开放性与透明性，口碑好坏成了品牌必须正视的挑战。正因如此，具有良好口碑往往意味着拥有更大的销售可能性。

抖音曾与西安市旅游发展委员会合作，基于抖音的全系产品宣传推广西安的文化旅游资源；此外，西安市旅游发展委员会也鼓励游客拍摄抖音短视频，宣传西安特色。随后，大量到西安旅游的抖音用户开始拍摄短视频，记录西安的"肉夹馍""不倒翁表演""毛笔酥"

等旅游特色。

借助游客拍摄的大量抖音短视频，西安旅游在抖音的美誉度持续提升，同时还有大量用户表示"看起来特别有趣""希望去西安看看"。数据显示，2023年"五一"假期，西安市旅游收入再创新高，共接待游客 1 330.51 万人次，实现旅游收入 107.46 亿元，西安全市的游客同比增长近 40%，旅游业总收入同比增长近 50%。

5.1.4　价值导向机会

通过短视频宣传正确的价值观，传递正能量，发挥舆论的积极作用，达到弘扬主旋律的目的，也是政企类账号在短视频平台的作用所在。

由于法规、政策本身具有严肃性，而短视频平台本身具有较为轻松的氛围，相关机构可以尝试拍摄创意短视频，更好地进行价值宣导或规章制度的传达。

案例

账号"国家反诈中心"在抖音平台定期发布关于防骗知识、警民关系、政策讲解等主题的短视频内容，获得 800 多万名用户关注，更有效地进行了价值宣导。其相关截图如图 5-3 所示。

图 5-3　国家反诈中心抖音账号

5.2　企业短视频营销的选题创意

企业短视频营销的第一步是"选题创意"。与短视频拍摄个人爱好者不同，企业新媒体营销团队必须围绕企业的营销目标进行选题创意。优质的选题往往既受到用户喜欢，又能巧妙地传递企业的产品信息或品牌理念。

常见的企业级短视频选题创意包括以下七大类别。

5.2.1　秀出产品，直接展示

如果企业的产品很有趣且自带话题，直接用抖音展示产品即可。

> **案例**
>
> 某"网红火锅神器"可以实现一键升降的功能，巧妙解决了用户"涮火锅时总捞不到肉"的问题。由于该"网红火锅神器"具有话题性，因此直接展示产品本身，如图5-4所示，马上引来了大量网友的围观。

图5-4　某"网红火锅神器"

5.2.2　策划周边，侧面呈现

如果企业产品与同行产品的外观差别不大，且不具有话题性，可以尝试从周边产品入手，寻找创意。

例如，在短视频时代，一个餐厅光靠口碑和菜品质量很难脱颖而出，于是某些餐厅在环境设计和氛围感营造上下足了功夫，而这些直接带动了用餐用户的自发打卡和传播，使得餐厅本身就成为一个打卡地。

　　账号"长沙攻略"分享了图 5-5 所示的长沙某复古风格的餐厅，餐厅环境充满年代感，引得很多用户自发拍摄短视频并进行传播。该餐厅已经成为长沙的地标性"景点"。

图 5-5　长沙某复古风格餐厅

5.2.3　挖掘用途，产品延伸

　　除了产品和周边产品外，企业也可以继续发挥创意，挖掘产品的更多用途，实现产品延伸。

　　有网友发出海底捞"超好吃"的底料搭配法，随后海底捞应用了抖音网友的创意，推出"网红蘸料"（见图 5-6），直接引发大量网友到店品尝"抖音套餐"。

图 5-6　海底捞的"网红蘸料"

5.2.4 聚焦优势，夸张呈现

对于产品的某个或某几个独有的特征，企业可以尝试用夸张的方式呈现，便于用户记忆。

案例

　　某品牌洗发水为了突出"去屑"功能，其设计了其他人从女主头发上抓出一大把灰，彼此打起了"雪仗"剧情的短视频（见图5-7），而这是为了引出洗发水后强调其去屑功能。

图 5-7　某品牌洗发水的夸张剧情

对比电视广告的严谨和正式，短视频广告的要求则相对宽松，可以适当夸张，吸引用户注意力，有较多发挥空间。

5.2.5 借助场景，尝试植入

为了让用户记住企业的产品，营销团队也可以尝试把产品植入某个生活场景。例如，某个短视频看起来只是在介绍一个生活小窍门或某个搞笑片段，但营销团队在场景中悄悄做了植入——在桌角放产品、加入广告背景声音等，这样依然能取得很好的宣传效果。

案例

　　在某剧情类短视频（见图5-8）中，视频中人物没有一句台词涉及服饰，但人物的服饰通过镜头一览无余，其中不乏细节展示。

图 5-8　某剧情类账号的场景植入

5.2.6　呈现口碑，突出火热

用户普遍愿意相信其他用户对产品的使用评价，因此企业可以在抖音展示产品的口碑，从侧面呈现产品的知名度及用户满意度。可以用来呈现口碑的视频内容包括用户的排队、用户的笑脸、与用户合拍的视频、用户一直拨打预约电话等。

案例

图 5-9 所示为武汉某串串香餐厅，视频中强调了"天天都在排队""自 1998 年开店到现在"，镜头还呈现了店铺内有许多的顾客。

图 5-9　呈现某餐厅生意很好的短视频

5.2.7　曝光日常，传播文化

除了产品质量、服务水平以外，用户往往还会关注企业的文化。如果两家企业的产品相似，一家企业的员工热情似火、工作富有激情，另一家企业的员工待人冰冷、毫无生气，用户自然更愿意选择前者的产品。

因此，企业可以在短视频中呈现办公室文化、员工趣事等。

案例

品牌糕点好利来的老板就在抖音开设了"老板罗成"这一账号，除了在账号更新一系列办公室趣味抖音视频，还发布制作糕点的视频，吸引了大量用户的围观和点赞，形成了一个有趣、帅气的老板形象，在用户心中留下记忆。其账号视频如图 5-10 所示。

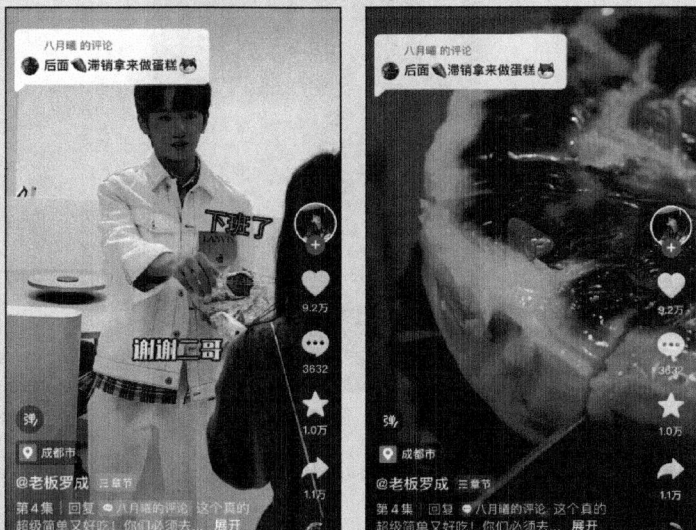

图 5-10　"老板罗成"账号视频

这类短视频虽然没有直接起到销售产品的作用，但是传播了企业文化，在用户心中留下了好感，对品牌知名度的上升也有积极作用。

课堂练习

假如你现在要推荐一本书，你认为以上七种选题创意哪种更合适？请讲出你的具体创意。

5.3　短视频账号的运营策略

企业和品牌运营短视频，可以从以下三个策略入手。

5.3.1 矩阵化运营

账号矩阵是指同一个团队的多个相互关联的账号，矩阵化运营适合企业和 MCN。通常在一个账号运营成功以后推出多个账号来组团发力，使得品牌或企业有更多的流量入口，相互提升影响力。

例如，在海尔集团的抖音矩阵中有多个账号，其中"海尔集团"以纪录片的风格为主，强调企业理念和公益宣传；而"海尔智家"以温馨的家庭故事为主，强调科技给生活带来的温暖。海尔集团通过多个账号从多种角度辐射用户，从而吸引不同的人群，最终放大海尔品牌的整体曝光量。海尔品牌旗下账号如图 5-11 所示。

图 5-11 海尔品牌旗下账号

对于企业来说，做好矩阵化运营，有以下几点技巧。

● 老号带新号。

例如：老号积极点赞和评论新号发布的视频；老号在平台内转发新号发布的视频；将新号相关信息写进老号的简介中；新号经常去老号发布的视频中评论；等等。

● 保持日常互动和客串。

除了互动，不同账号的不同人物之间的客串也能为新号带来一定的曝光，吸引更多注意力。例如，抖音平台的"祝晓晗"是一个搞笑亲情类账号，账号内容是女儿祝晓晗和爸爸之间的各种搞笑故事；在"祝晓晗"这个账号火了以后，团队又开设了祝晓晗爸爸的账号"老丈人说车"，而祝晓晗也经常出现在"老丈人说车"账号发布的视频中，定位是"'蠢萌'闺女和操心老爸的学车故事"。

● 商业资源互推。

当有广告资源找到矩阵账号中的某个大号时，团队可以以套餐打包或者打折等优惠吸引广告商家在矩阵的其他账号也投放广告，从而为新号带来一定的商业资源，获得更多收入。

5.3.2　项目化运营

现阶段，用户对短视频内容的需求趋于精品化，这就要求企业在运营短视频账号时予以充分的重视，并采用项目化的方式进行运营。

首先，企业需要建立专业的短视频团队，包括策划制作组、运营组和电商组三个模块，模块分工如表 5-1 所示。

表 5-1　短视频团队模块分工

模块	主要工作
策划制作组	内容选题策划、拍摄、剪辑加工、成片把关
运营组	视频上传与发布、评论区维护、账号引流与推广
电商组	账号店铺搭建与运营、直播"带货"等

其次，企业需要采用专业的软硬件设备，如专业拍摄设备、收音麦克风、旋转手机架、补光灯等；部分场景甚至需要在专业的摄影棚内完成，以保证短视频的质量。

最后，企业要准备好投入专门的推广预算，用于短视频推广、直播间引流和"粉丝"互动等。例如，企业可以在抖音平台利用"DOU+"功能，把视频推荐给潜在的兴趣用户，以获得更高的曝光量。

5.3.3　系列化运营

当用户在短视频平台发现感兴趣的视频后，可能会进入该视频所在的账号主页，这时候，如果账号内容不规律，用户关注账号的可能性会大大降低；相反，如果该账号内容统一，形成系列化发布，风格美观，那么用户直接关注账号的概率会大大提升，这就对企业账号的系列化运营提出了要求。

企业新媒体团队特别需要注意的是，系列化运营不仅要求短视频的内容选题系列化，还要求封面图、人物造型等系列化呈现。

　　课堂练习

假如你现在要运营一个健身类账号，你能想到哪些系列化选题？

　　课后习题

① 选择一个你较为熟悉的企业或品牌账号，说出其短视频运营做得好和不好的方面。

② 思考一下，对于一个无法在短视频平台上直接成交的企业来说，如房地产企业，该如何利用好短视频平台？

③ 除了 5.2 节所列举的几种选题创意，你还能想到哪些？

PART 06

第六章
直播营销与运营

学习目标

➢ 了解直播营销的价值与优势。

➢ 弄懂直播营销中的人、货、场。

➢ 清楚直播话术与脚本设计。

素养目标

➢ 直播间是公众场合，在直播营销过程中，主播要以身作则，从话语细节和言谈举止做起，做好文明引导和示范，积极践行社会主义核心价值观。

➢ 直播团队在直播过程中要严格遵守平台规则，因此主播需要具备一定的社会常识和文化素养，不弄虚作假，在直播中积极弘扬正能量。

除了众所周知的电商直播以外，如今直播所涉及的行业、直播的种类、直播的方式等都在慢慢增加，各个平台的直播数量和场次呈现爆发式增长，直播俨然已经成为一个营销风口。

对于品牌和商家来说，直播能够使得企业产品得到更多宣传和曝光，增加产品销量，实现经济增长。但要想抓住这一风口，品牌和商家需要理解规律，需要知晓策略，还需要关注细节、认真执行。

本章从直播营销的价值与优势、直播营销的必备元素、直播营销的话术设计与脚本设计这三点，来阐述直播营销与运营。通过本章的学习，读者能对直播营销有较为全面的理解。

6.1　直播营销的价值与优势

　　直播营销之所以如此火爆，在于直播创造的价值，这些价值不仅体现在交易数字上，还体现在直播对各行各业的改变。直播营销的商业价值主要体现在行业、用户、主播、品牌这四个方面。

6.1.1　行业价值：创造行业经济新的增长点

　　相关数据显示，在 2017 年至 2020 年，以淘宝、京东为代表的传统电商平台用户量增速放缓，流量红利日渐趋弱，而以抖音、快手为代表的短视频、直播等内容消费逐渐占据用户，成为流量的主战场。于是电商平台纷纷寻求突破，加入直播营销的浪潮。

　　直播营销改变了传统电商的刚需性购物需求，用户进入直播间后，由于主播的引导和直播场景的代入，产生了临时的、非计划性的、非刚性的、潜在的消费需求。艾媒咨询数据显示，从 2017 年到 2020 年，我国直播电商的市场规模扩大了 50 倍以上。这些数据不是某一两个行业的成绩，而是多个行业共同作用的结果，直播与行业结合为行业赋能，为多个行业带来了新的经济增长点。

　　以农产品为例，在没有直播这一营销方式之前，很多农产品销售渠道有限，难以走向全国。现在，只要产品够优质，任何农产品都能够成为直播间的热卖产品，越来越多的农产品进入直播间，从原产地流向全国各地。

　　如今，淘宝、拼多多、抖音等平台的直播营销已经成为农产品销售的重要渠道。借助直播平台，农产品行业实现从消费端出发，突破物流、信息流的瓶颈，快速聚合用户需求，形成产业新形态，进而推进农产品电商产业带的规模化、标准化和品牌化运作。

　　除了为行业赋能，围绕直播营销本身也产生了一系列新的行业或职业，如关于直播的品牌商、经销商、制造商、MCN 机构、主播、选品团队等。

6.1.2　用户价值：更便捷的方式，更优惠的价格

　　艾媒咨询数据显示，有超过 50% 的用户选择直播购物的原因是"商品展示更直观真实"，有超过 30% 的用户选择直播购物的原因是"采购环节更加便捷"和"价格更加优惠"。对于用户来说，直播能够使用户以更优惠的价格、更便捷的购物方式买到商品。

　　很多用户之所以愿意在某些主播的直播间购买商品，主要原因是其商品价格比日常价格更加优惠。

　　以"交个朋友"的直播间为例，在 2023 年"6·18"期间，其直播间某款洗面奶的价格跟官方旗舰店日常价格一样，但直播间给出了买一送一的福利，用户以同样的价格可

以买到两支正装洗面奶，相当于五折的折扣，于是 10 万支洗面奶在上架后一分钟之内就销售完了。

某些主播的直播间有超高流量，使得部分商品的销售量能够达到品牌日常销量的几倍之多，所以品牌愿意让渡一定的利润空间，以薄利多销带动销售额，而用户也从中得到了实惠。

在购物方式上，无论是跟线下购物相比，还是跟在电商购物平台购物相比，直播营销都是更便捷、更高效的购物方式。

这体现在两个方面。一方面，一个专业的主播团队可以替用户挑选出有性价比、有市场口碑的产品。主播及其团队不仅需要清楚每样商品的质量、性能，还要从中挑选出适合用户的商品，间接地帮助用户节省挑选商品的时间。尤其是在用户不清楚该选择怎样的商品时，一个专业主播的推荐能够帮助用户做出决策。

另一方面，直播时的商品展示动作，像服饰类的试穿、试戴，食品类的试吃等流程，省去了用户查阅商品详情页的时间，直接降低了用户的决策成本。

6.1.3　主播价值：打造个人影响力

直播的火热带动了主播行业的兴起，越来越多的企业开始招聘主播，并培养自己的主播，很多高校也相继开设了与直播相关的专业，展开职业技能培训，以满足市场人才的需求。

主播在直播营销中起着关键作用，人气高的主播一般自带流量，具备更大的营销潜力。很多主播通过直播树立了一个专业、立体的个人品牌形象，让个人和团队的知名度不断扩大，且持续渗入用户的生活圈层中，形成独特的影响力，这都有利于主播和所在团队开展商业活动。

2020 年 7 月 6 日，"互联网营销师"正式成为国家认证的职业，为"带货"主播提供了职业化发展的道路，同时也为电商"带货"的市场化和规范化上了一层保险，使得直播营销能够更好地发展。

6.1.4　品牌价值：以直播为形式的品牌触达

直播营销因其互动性和即时性，适应了品牌个性化、数字化、私域化的发展趋势，使得品牌商与行业资本迅速涌入。品牌从以往的注重"货"转向为以"人"为主，注重经营用户价值。

对于品牌方来说，直播营销的价值不仅在于能够帮助品牌产品实现更多的销量和收入，还在于能够通过直播形成品牌宣传触达。品牌和企业通过直播营销触达用户主要有两种形式，一是通过直播进行新品发布会活动，二是在高人气主播的直播间进行反复的品牌宣传和产品售卖。

品牌通过直播营销进行新品发布活动在业内已经较为常见。此外，因为某些超级主播直播间的超人气和高流量，很多品牌会选择和超级主播合作，通过直播的形式进行品牌宣传和产品销售。例如，在"东方甄选"的直播间，一场直播的人流量常常高达几千万人次，可能远远大于一场线下新品发布会可触达的用户人数，于是很多品牌会将新品放在一些高人气主播的直播间进行宣传。

课堂讨论

> 对比短视频营销，你觉得直播营销的优势和劣势分别有哪些？请举例说明。

6.2 直播营销的必备元素

直播营销有多种类型，但是十分常见、效果十分显著的是电商类直播，即直播"带货"。其营销的流程是：主播推荐商品—用户购买—品牌或厂家供应商品。这三个因素互相影响和促进，直播营销的本质还是"人、货、场"问题。

6.2.1 人——主播与用户

直播营销方式中的"人"，主要是指主播和用户。直播营销的交互是主播和用户靠信任产生的基本连接，主播向用户推荐经过选品的产品，帮助用户提高购物效率、节省决策成本；用户因为信任下单购买，帮助主播实现收益。

1. 主播

主播和用户是直播营销的关键，其中主播能不能吸引用户在直播间互动甚至产生购买行为直接决定了一场直播的最终结果。在一场直播中，主播担任着传统购物中导购员的角色，但又远远大于导购员的角色需要。除了介绍商品和推荐商品，主播还要与直播间的用户进行互动，调动直播间氛围。

一个优秀的主播往往拥有以下三个特质。

● 对商品熟悉，能熟练而专业地展示商品的优点。

● 有鲜明的特色、人设、风格、个人魅力。

● 能够使用合适的话术，打动用户。

当然，如今的直播营销已经不是主播一个人在战斗，而是一个运营团队在主播背后出谋划策以及做支撑运营。

2. 用户

衡量一场直播营销的效果如何，不应该只看最后的成交额，特别是对于不同用户基数、不同人流量的直播间来说，难以对成交额进行精确对比。比较科学的方法是看转化率，即下单人数与直播间观看人数的比例，转化率越高，说明该场直播营销的效果越好。而提高直播营销转化率的关键在于用户，即直播间能吸引到精准用户。

例如，母婴类产品的直播间，如果来直播间的用户多是新手妈妈，直播间的转化率自然不会太低，但如果来直播间的是"泛流量"，各种用户群体都有，那直播间人流量再高对提高转化率也起不到多大作用。所以，直播营销中很关键的一个因素就是吸引精准用户。

吸引精准用户可以从以下几个方面入手。

● 明确内容方向，依靠内容积累精准用户。尤其是企业短视频账号，要考虑账号应该吸引怎样的用户，做什么样的内容才能吸引到目标用户，将用户画像向目标用户慢慢靠拢，然后逐渐积累精准用户，实现高效转化。

● 投放定向推广。企业在对直播间进行付费推广和购买流量时，可以定向选择直播间目标用户进行精准投放，引进对应的用户进入直播间，从而提高转化率。

● 积累私域流量，做好直播营销的精准触达。在直播营销的过程中，主播会反复强调和引导直播间用户加入粉丝团，或者关注、订阅直播间，主要目的就是使直播间的公域流量有效地转化为账号的私域流量，以达到积累用户和实现后期宣传触达作用，从而逐渐提高直播间用户的精准度，提升转化率。

6.2.2 货——选品与渠道

"货"指直播间内销售的商品。

在传统销售中，一个店铺大多只卖固定品类的商品，用户需要自发地发掘商品的质量、特点等，导购或客服人员不会起到太多的影响用户决策的作用，用户的购买路径多是"自发需求—主动寻找—筛选下单"。而且传统销售多是货架思维，商品的陈列、色彩、搭配等都是吸引用户的关键。这种购买方式下，用户和销售人员缺乏沟通，转化效果有限。

在直播营销中，货的价值被主播最大限度地介绍和展现出来。同时一个直播间能上架多种品类的商品，通过直播间的人流量，能够发挥商品的集聚效应，形成购物的氛围。这时，用户购买路径多是"直播推荐—被'种草'—下单"。

1. 选品

在一场直播中，货要想卖得好，前期的选品环节至关重要。与传统的营销相比，直播营销的商品选择更加灵活，直播团队可以在供货渠道、商品品类、成本与定价等方面有更多自主权。在直播营销中，选品的原则是选择低价、高频、刚需、展示性强、标准化程度高的商品。

但对于企业和品牌类直播间来说，其直播间一般只售卖自营品牌产品，不会涉及太复杂的选品环节，品类相对固定。这种情况下，选品时需要考虑的是如何在自有商品的基础上优化组合，从而实现持续转化。

自营直播间的选品，有以下三个思路。

● 打造热卖品。直播间有着"二八定律"，即 20% 的热卖品会带来 80% 的收益，所以直播间要多选企业好卖的商品，反复推荐，而不是为了全面展示而平均分配每个单品的介绍时长。

● 直播间特供。选出部分适合直播间销售的直播间特供商品，以区别于其他电商渠道，或者是线下渠道，体现商品的稀缺性和独特性，激发用户购买。

● 多生产新品。企业和品牌商品品类相对受限，需要多生产新品以满足用户需求，尤其是满足直播间热卖品特性的新品，如低价、好看、有特色的商品，从而激活老用户，促使新用户购买。

2. 渠道

直播间产品的供应渠道有两种：一种是自有产品的供应渠道，即直播间售卖自产品牌产品，这种适合线下实体店铺的直播营销和品牌自营、生产基地的直播营销；另一种是依靠供货商或产品供应链的商品供应渠道，这种适合没有自身产品、依靠流量或广告费用来"带货"的"网络红人"的直播营销。

对于企业来说，基本上采用前者，即自供自销。自供自销的好处是，能够保证产品的售后问题，能自主把控产品质量，并且可以灵活定价，利润空间可控，但产品生产、发货、售后等一系列问题都要企业自己解决，人力成本较大，且流量相对受限。因此，企业除了自营渠道的直播外，还可以在抖音、快手等平台上挖掘有潜力的垂类"带货"主播，以分佣的形式与其合作，即企业自身作为供应商。

在供应商和主播的合作中，直播营销的收益分配方式主要有"纯佣金"和"佣金 + 坑位费"两种方式。纯佣金模式是指供应商根据直播商品的最终销售额，按照事先约定好的分成比例向主播支付佣金。"佣金 + 坑位费"模式是指供应商先向主播支付固定的"坑位费"，然后再根据直播商品的最终销售额给予主播一定比例的分成，这种合作方式多存在于与头部主播的合作中。

6.2.3 场——场景搭建

场，主要是指消费场景，为连接"人"和"货"而存在。在直播营销中，场的意义在于，通过实现实时、体验、互动来搭建消费场景，引发用户的消费欲望，促使用户产生消费行为。直播营销中的场有多重含义。

一是指直播团队为销售商品而搭建的满足商品使用环境的场景，其目的是让用户有身临其境的感觉。目前主要是两种：专门为商品搭建的符合商品使用环境的实物场景和围绕商品特色及质量等展示的虚拟场景。后者多以电子屏做背景展示商品细节。在 5G 和 VR 技术的加持下，未来的直播场景将会更加丰富，用户能够更加真实地感受到商品，有身临其境的体验感。

二是指用户观看直播和购买直播间商品时的场景。目前，用户通过观看直播而产生消费行为，主要有以下六种场景模式。

● 碎片式场景。用户在碎片时间"刷"抖音、快手等平台的短视频，看到自己关注的主播在直播，进入直播间观看后被"种草"，于是下单购买。

● 社交式场景。用户在微信群看到有朋友分享直播链接，点进去观看，发现所介绍的商品恰好是需要的，且认为价格便宜，于是下单，还顺手关注了主播账号。

● 消遣式场景。用户下班回家路上或者吃过晚饭休息时，随便点进直播间，买点东西放松一下，犒劳自己。

● 需求式场景。用户有购物需求时去逛淘宝、京东，发现一些店铺正在直播，通过直播更加直观地感受产品，并实时咨询，从而打消顾虑进而下单。

● 沉浸式场景。用户像看综艺节目一样沉浸于直播间。这种直播会通过主题、内容、环境构建、主播与嘉宾间的现场互动，展示产品的使用场景，使用户拥有对产品的认知。所见即所得，于是用户忍不住下单。

● 追星式场景。一些头部主播有强大的影响力和粉丝群，很多直播会做预告，粉丝会定时观看，甚至通过购买来支持主播。

在一些超级主播的直播间，还出现了将娱乐、综艺、购物等融为一体的多个场景叠加的晚会式消费场景，让用户在放松、休闲的同时进行购物。

> **课堂讨论**
>
> 你有比较熟悉或者比较喜欢的"带货"主播吗？其常驻直播间是哪个直播间？说说为什么喜欢。

6.3 直播话术与脚本设计

同样是直播，有的主播全程表达流畅，有的主播却语无伦次，实际上，原因在于是否为直播准备了高质量的话术和脚本设计。为了使整个直播营销的过程较为顺利地进行，直播团队一般会在直播前准备好直播的话术与脚本。

6.3.1 直播话术

使用直播话术的最终目的是获得用户对主播和所推荐商品的信任和认可，让用户意识到自己的消费需求，从而产生购买行为。直播话术需要根据目标用户的期望、需求、动机等，以能够满足用户心理需求的表达方式来展示直播商品的特点。

简单的直播话术可以按照这样的组合来设计：

开场白＋单品介绍＋福利强调＋互动引导＋结尾设计

1. 开场白

开场白可以从以下角度出发。

● 打招呼，如"大家好，欢迎大家来到我的直播间"。

● 主播介绍，如"大家好，我是×××，是××的负责人，做过……"。

● 主题预告，如"今天的直播内容主要是××主题"或"今天主要为大家带来××专场好物"。

● 暗示互动，如"今天的直播福利很多，大家可以分享给自己的好姐妹哦""在线的朋友可以打个1，我来看看有多少人"。

2. 单品介绍

单品介绍可以从以下角度出发。

● 场景代入，如"直播间有没有那种一到夏天就脸油的女孩子"或"想吃零食但害怕长胖的女孩子有没有"。

● 引入商品，如"首先我们要介绍一款大家都很期待的××"或"之前很多'粉丝'私信我说没买到××，今天就给大家安排上"。

● 商品介绍，如"这款××是由××品牌推出的，它的一个亮点是……"或"它的主要成分是……""它主打××功能，采用了××技术"。

● 强化信任，如"它的这项技术是经过××认证的"或"这款产品××都在用，都在推荐"，或"大家可以看看××网的评价，几乎全是好评"。

● 突出利益，如"这款产品平时官方价是99元，今天我们直播间给大家争取到了69元的福利价"或"只要一杯咖啡的价格，就可以买到××，真的很值"。

● 刺激成交，如"今天这个价格我们只有100份库存，卖完就没有了，大家准备好"或"想要夏天保持美丽的朋友，一定要买"。

3. 福利强调

福利介绍可以从以下角度出发。

● 福利引入，如"刚刚看到有很多朋友说没买到，那给大家发个福利吧"或"右上角福袋有我身上的这个同款××，大家一定要去试试运气"。

● 福利强调，如"大家只需要点下福袋，就有机会抽中这台价值 7 999 元的笔记本电脑，一定不要错过"或"今天给大家准备了 100 个华为最新款手机，大家抽奖不要停"。

● 福利刺激，如"刚刚的福袋结果已经出来了，恭喜我们的×××，这台手机我们马上给你寄出"。

● 福利安慰，如"没有抽到的朋友不要不开心，后面我们还为大家准备了×× 大奖"。

4. 互动引导

互动话术可以从以下角度出发。

● 吸引关注，如"大家记得左上角给主播点点关注，点了关注就有机会拿奖"。

● 引导评论，如"想要我手上的这个××的有没有，有的话给我打个有"或"大家还想要看几号，评论区说出来，我来试"。

● 灵活转场，如"我看到××说太贵了，没关系，我下面就给你上个便宜的"或"最近北京真的好冷啊，大家一定要注意保暖，毛裤穿起来……"。

● 活跃氛围，如"说了这么半天，还真有点饿，给大家表演一个吃月饼哈哈""不要急不要慌，链接正在上，我给大家唱两句吧"。

5. 结尾设计

互动话术可以从以下角度出发。

● 表达感谢，如"感谢大家今天陪伴了我两个小时"或"辛苦大家一直没走，听到结束"。

● 强化记忆，如"今天主要给大家讲了××，大家可以好好消化下"或"我是××，专注于××，我们下次见"。

● 引导关注，如"大家如果觉得今天的直播有收获，记得点个关注"或"点个关注不迷路，下次就不用担心找不到啦"。

● 预告下次直播，如"下次直播时间是××，我将给大家带来××，大家记得预约哦"或"下次直播有大家喜欢的××，一定不要错过哦"。

6.3.2 脚本设计

直播营销的流程方案，俗称"直播脚本"，包括具体环节、时间节点、话术以及分工等。脚本设计是通过结构化、规范化及流程化的说明，为主播在直播间的内容输出提供线索指引，以确保直播过程的顺利进行以及直播内容的输出质量。

在一场直播中，脚本要精确到每一个具体环节的关键内容。脚本的设计要考虑到以下关键点。

1. 确定直播节奏

确定好直播节奏就是指控制好整场直播中各个环节的所占时间比例，从而有序地开展每一个步骤。假如一场直播的时长计划为两小时，除去直播预热时间和互动时间，商品的总推荐时间是 100 分钟，再结合该场直播的商品数量，可以详细计算出平均每个商品的推荐时间。

但在直播中，不是每一款商品的推荐时间都是相同的，某些热卖商品需要更多更全面的介绍，某些冷门商品可以安排较少的介绍时间。

2. 体现商品卖点

一个商品卖点的提炼，要做到前期对商品信息了如指掌，包括商品的品牌、商品的功能和用途、商品价格等。主播可以通过以下三个要点来罗列商品卖点。

● 商品外观，如颜色、形状、包装以及给人的感觉等。

● 商品使用感觉，如食品的口感、数码商品的使用感、服饰的使用场景和效果等。这种感觉可以通过现场的演示或者细节展示来体现。

● 商品的直接或间接背书，如知名人士代言、所获奖项、销售数据等。

3. 设计互动环节

一场直播营销中，如果主播从头到尾都在进行商品推荐和销售，可能会让用户产生一定的疲乏心理；相反，如果每场直播中直播团队都能设计一些互动环节，则会让老用户感到惊喜，同时也可能会吸引新用户。互动环节的设计可以考虑才艺展示、游戏互动、邀请嘉宾、粉丝"连麦"等方式。

根据直播的时间规划，结合直播主题、目标以及参与人员的工作内容，即可策划出完整的直播脚本，如表 6-1 所示。

表 6-1　直播活动的整体脚本参考

项目	直播活动概述
直播主题	可以从用户需求的角度来设计直播主题，如"新年福利专场""幸福感好物专场"
直播目标	流量目标：吸引××万名用户观看；销售目标：推荐××款商品，销售量突破××件
参与人员	主播：×××；助理：×××；客服：×××
直播时间	××××年××月××日18时至20时

直播活动流程					
时间段	流程	主播	助理	客服	备注
18:00—18:03	打招呼	主播进入直播状态，和用户打招呼，进行简单互动	助理简单自我介绍，引导用户点赞	向用户群推送开播通知	—
18:03—18:10	暖场互动	介绍抽奖规则；引导用户关注直播间	演示抽奖方式，回复用户问题，引导用户点赞	向用户群推送直播信息	—
18:10—18:15	活动剧透	剧透今日直播的商品和优惠力度	补充主播遗漏内容，引导用户点赞	—	商品名称；抽奖信息；商品优惠活动信息
18:15—18:20	福利抽奖	讲述奖品和抽奖规则，引导用户参与抽奖	讲解参与抽奖的方法	收集获奖信息，引导点赞	—
18:20—18:30	商品1介绍	介绍引流款商品，展示使用方法，分享商品使用经验	配合演示商品用法，展示使用效果，引导用户下单	在直播间添加引流款商品链接，回复关于商品和订单的问题	引流款商品名称、市场价格、直播间价格
18:30—18:50	商品2介绍	介绍印象款商品，展示使用方法，分享商品使用经验	配合演示商品用法，展示使用效果，引导用户下单	添加印象款商品链接，回复关于商品和订单的问题	印象款商品名称、市场价格、直播间价格
18:50—19:10	商品3介绍	介绍利润款商品，展示使用方法，分享商品使用经验	配合演示商品使用方法，展示使用效果，引导用户下单	添加利润款商品链接，回复关于商品和订单的问题	利润款商品名称、市场价格、直播间价格
19:10—19:20	主播故事	主播讲述自己或者团队的故事	配合主播讲故事	引导点赞，收集直播间用户反应	—
19:20—19:25	福利抽奖	讲述奖品和抽奖规则，引导用户参与抽奖	讲解参与抽奖的方法	收集获奖信息	奖品数量、名称、市场价格
19:25—19:35	商品4介绍	介绍直播间的"宠粉"活动，介绍"宠粉"商品，介绍加入"粉丝团"的方法	引导用户加入"粉丝团"，展示商品的用法和效果，引导用户下单	添加"宠粉"款商品链接，回复关于商品和订单的问题	"宠粉"款商品名称、市场价格、直播间价格
19:35—19:55	商品5介绍	介绍利润款商品，展示使用方法，分享商品使用经验	配合演示商品使用方法，展示使用效果，引导用户下单	在直播间添加利润款商品链接，回复关于商品和订单的问题	利润款商品名称、市场价格、直播间价格
19:55—20:00	下期预告	预告下一场直播	引导用户关注直播间	回复关于商品和订单的问题	下期直播的时间、商品和福利

课堂练习

假如你现在是一名主播，你要在直播间推荐《和秋叶一起学 PPT》这本书，请你写出直播推荐话术，推荐时间为五分钟。

课后习题

① 请选择一个你喜欢的直播间，分析其做得好和不好的方面。

② 思考一下，对于一个高客单价产品来说，如汽车，无法在直播间直接成交，那么应该如何利用好直播间带来收益？

PART 07

第七章
新媒体营销案例分析

学习目标
- ➢ 了解不同营销案例的特色与优势。
- ➢ 学会分析不同的新媒体营销案例。
- ➢ 能够从不同案例中总结出营销经验。

素养目标
- ➢ 新媒体营销人员在营销过程中，要摒弃利益为上的想法，严把产品质量大关，对自己负责、对市场负责、对用户负责。
- ➢ 企业和新媒体营销人员要自觉摒弃和抵制低俗的营销创意，不盲目迎合热点，始终坚持文明、正能量的营销方向，做一个对社会负责的良心企业和从业者。

企业和品牌利用新媒体平台开展营销宣传，一般都不是单一地利用某一个平台或某一个账号，大多是全网发力，采用多种营销方式。例如，企业和品牌在营销时，可能会涉及图文、短视频或直播等形式可能有饥饿营销的策略，有情感营销的元素，还有跨界营销的动作。

所以要想弄清楚企业和品牌的营销策略，不能仅关注某一个平台或某一个元素，必须进行全方位的分析。本章选取了四个较为典型的新媒体营销案例，通过分析案例，总结规律，以期不同行业的读者能够找到合适的营销方法。

7.1　案例 1：瑞幸咖啡 & 椰树牌椰汁

2022 年 4 月，瑞幸咖啡联合椰树牌椰汁，推出新品咖啡"椰云拿铁"。经采用多种新媒体营销方式，该产品一上市便迎来购买热潮，堪称营销经典。

7.1.1　案例背景

1. 品牌背景

瑞幸咖啡是较为知名的咖啡连锁品牌，成立于 2017 年 10 月。与老牌咖啡星巴克不同，瑞幸咖啡定位于高品质、普及化的咖啡，不以咖啡厅为主要消费场景，以写字楼、商业区为辐射区域，满足用户即拿即走的快餐式消费特点，且价格相对便宜。经过多年的市场积累，瑞幸咖啡深受年轻用户喜爱。瑞幸咖啡财报显示，截至 2023 年 6 月，瑞幸咖啡全国门店数量超过 10 000 家。

椰树牌椰汁是我国老牌饮料品牌，其以特色包装、真材实料和鲜香甜润的口感而出名，并且坚持几十年不换包装、不换产品、不换广告语而给用户留下深刻印象。尤其是外包装，其以黑色为底色，将黄色文字和蓝色文字相结合，再加上其简单的大字报式宣传语，形成一种独特的"土潮"风格。椰树牌椰汁包装如图 7-1 所示。

2. 营销过程

2022 年 4 月，瑞幸咖啡联合椰树牌椰汁，推出新品"椰云拿铁"。这种联合体现在两个方面：一是产品的制作上，"椰云拿铁"直接以椰树牌椰汁为原材料，咖啡融合椰汁，口感独特；二是在产品的包装上，"椰云拿铁"的杯套和手提袋都模仿了椰树牌椰汁的大字报式设计，如图 7-2 所示。

图 7-1　椰树牌椰汁包装

图 7-2　瑞幸咖啡"椰云拿铁"包装

有了这两个典型卖点后，产品本身就成为一个话题，而瑞幸咖啡将话题营销到了极致。其营销过程如下。

● 预告。

2022年4月8日，在新品推出前，瑞幸咖啡官方就在微博发布预告，在其配图中，椰树牌椰汁还被打了马赛克，但通过若隐若现的黑的、红的、黄的色块，网友已经猜出来了。在小红书上，有网友发图透露在瑞幸咖啡店铺门口看到几箱椰树牌椰汁。

当天下午，瑞幸咖啡官方和椰树牌椰汁官方都发布海报并予以有趣的回应，初步证实了网友的猜测，如图7-3所示。

● 发布。

4月11日上午，瑞幸咖啡官方与椰树牌椰汁，在微博、微信公众号、小程序等平台官宣年度新品咖啡"椰云拿铁"，其口号为"椰云拿铁，从小喝到大气层"。

在微博上，瑞幸咖啡官方接着发起活动，用户转发＋关注＋带相关话题发微博，即可参与抽奖获得"椰云拿铁"一杯，于是众多网友参与转发，这使得瑞幸咖啡当天的话题指数大大提升。

随后，瑞幸咖啡官方微博趁着热度发起投票活动（见图7-4），让网友投票选出"椰云拿铁"的包装袋。

图7-3　瑞幸咖啡和椰树牌椰汁的微博互动

图7-4　瑞幸咖啡投票活动

● 后续。

经过首发当天的大力宣传，瑞幸咖啡直接登上热搜。当天，众多用户前往瑞幸咖啡门店购买新品，自发在朋友圈、小红书等平台分享新品，带动了社交传播。

4月12日，瑞幸咖啡官方微博表示，"椰云拿铁"上市首日销量已经超过66万杯。

而瑞幸咖啡新品话题的热度和其独特的设计，也引起其他品牌关注、蹭热点，有的模仿其台词，有的模仿其设计，有的模仿其营销。话题后期自带热度，为瑞幸咖啡带来免费宣传。

4月18日，瑞幸咖啡官方公众号开启了第二波预热，讲解"椰云拿铁"的正确喝法，使得众多网友表示自己喝错了，再度掀起一波热潮。

7.1.2 案例分析

瑞幸咖啡新品的爆火不是偶然，背后是缜密的新媒体营销布局。

1. 品牌联合，设计出彩

瑞幸咖啡和椰树牌椰汁的联名，是一个老品牌和一个新品牌的联名，存在着一定的认知碰撞。在用户心中，一个是从不换包装和广告口号的"老土"品牌，一个是赢得"新生代"喜欢的"新潮"品牌，且两个品牌几乎都未和其他品牌联名合作，所以这一合作在网友看来本身就是一件有意思的事。

瑞幸咖啡和椰树牌椰汁的联名，不是像其他品牌联名一样，做一些简单的联动而已，而是从包装设计到产品生产，再到营销，做到了从头到尾的联名。瑞幸咖啡的包装延续了椰树牌椰汁的"土潮"风格，其口号"从小喝到大气层"也延续了椰树的"从小喝到大"的广告语，真正做到了品牌联合。

2. 互动营销

瑞幸咖啡的这次新品营销很好地用到了互动营销的策略。这个互动体现在两方面。

一是品牌双方的互动。瑞幸咖啡官方从发布预约开始，就和椰树牌椰汁官方账号开始了开玩笑般的有趣互动，除了相互@对方账号，也会相互评论，还会根据网络用拟人化的语气互相打趣，让网友觉得有意思。

二是品牌和用户的互动。瑞幸咖啡官方账号不仅发起投票活动、转发抽奖活动，还陆续在多个新媒体平台上点赞或转发网友发布的"打卡"照片，这大大促进了用户的自发传播。

3. 裂变营销

瑞幸咖啡在微博平台发起的转发抽奖活动和投票活动，都直接带动了用户的裂变营销。

而在微信小程序上，瑞幸咖啡官方还展开了用户拉动好友注册瑞幸咖啡账号送优惠券或减免券的活动，以及送好友"椰云拿铁"的活动，这都直接带动了微信好友圈层的人际传播和裂变。

4. IP营销

瑞幸咖啡此次的新品营销，还用到了IP营销。

在椰树牌椰汁多年的营销中，代言人单手绕过头后举椰汁的动作对观众而言是很熟悉的，而瑞幸咖啡此次活动中，代言人在发布的微博中又用同样的动作举起了"椰云拿铁"，这引得网友模仿这一动作举咖啡，并在微博、小红书上纷纷"晒图"。

5. 口碑营销

"椰云拿铁"的畅销，营销宣传的作用不可忽视，但其口碑也是主要影响因素。

"椰云拿铁"用椰汁等真材实料，让用户喝一口就能感觉到不一样，且价格不贵，这直接带动了口碑传播。很多网友，甚至是KOC、KOL，都自发打卡，以测评或者"种草"的形式"安利"这款新品，间接地带动了口碑营销。

7.2 案例2：长安Lumin

品牌新品一上市，需要在短时间内快速被用户看见，直播营销是一种常用方式。尤其是汽车品牌，直播营销已经成为汽车企业屡见不鲜和屡试不爽的营销招数。本节所讲的长安Lumin就较好地运用了直播营销这一形式。

7.2.1 案例背景

长安汽车是国产知名汽车品牌，属于重庆长安汽车股份有限公司，也是我国汽车四大集团之一的下属企业。

2022年6月10日，长安汽车发布新款微型车长安Lumin，并联合多个新媒体平台、多个汽车行业自媒体发起多种形式的营销宣传，以直播营销为主。在随后的半年中，长安Lumin销量喜人，在微型车销量榜单中排名第五，成为微型车里的黑马。

长安Lumin的营销动作大致如下。

● 上市前。

与以往新车上市，企业各种"卖关子"和制造悬念不同，早在新车上市的前两三个月，长安Lumin便揭开了神秘面纱。

2022年3月，长安汽车官方微博便预告了长安Lumin，并直接以图片形式公布了其车型。

2022年4月22日，长安汽车官方便举办了长安Lumin的线下亮相会，直接展示了新车的实体车型，而此次线下亮相会也同步在抖音、微博、视频号、B站、长安汽车小程序开启直播，并邀请到了多个汽车垂类自媒体进行预热宣传。

长安Lumin作为一款新能源的纯电动微型车，其外观精致小巧，设计独特，科技感强，尤其是其车灯部分，头灯组与尾灯组的组合犹如可爱的"微笑脸"，易给用户留下深刻印象。其外形如图7-5所示。

经过预热，长安Lumin引来诸多关注，其独特的外形也获得很多年轻用户的喜欢，尤其是女性用户。于是官方趁热打铁，在4月底宣布开启预售，为新车上市积攒了一批种子用户。

图 7-5　长安 Lumin 外形

在 5 月，长安汽车在抖音、视频号等平台陆续开展了多次"出行升级，我选 Lumin"的主题直播，还在各大平台发布了家庭剧情类短视频，植入长安 Lumin。

● 上市当天。

长安 Lumin 于 6 月 10 日上市，上市当天进行了较为隆重的发布会直播，以优酷视频、微博、抖音、视频号为主要平台，联合上百家车企自媒体账号同步直播，并公布汽车价格。此次直播形成不间断接力，持续了 24 小时。

与此同时，官方宣布开启全方位订车通道，用户可以通过 20 多个线上渠道，且只需支付 520 元即可预定新车，最快 24 小时就能提车。

● 上市后。

在 6 月至 7 月，长安汽车官方抖音号更是联合汽车"达人"主播开启了一天四场的直播，直播间送出限定盲盒和车展门票等福利，该场活动前后持续了一个月。

与此同时，长安汽车官方微博、小红书等账号，持续发布了多篇关于长安 Lumin 的使用指南，包括"'新手小白'进阶之路""顺利充电三步走"，还包括短视频花絮"Lumin 背后的主创故事"，并联合长安线下 4S 店开启试驾体验服务，使用户更好地了解长安 Lumin 和使用长安 Lumin。

7.2.2　案例分析

从其营销过程和营销结果来看，长安 Lumin 的此次营销无疑是成功的。

1. 打造话题，维持热度

长安 Lumin 在上市前后充分进行了话题营销，借助多个节日和热点发起营销话题。

长安 Lumin 定性为"国民出行精品车"，为了使这一理念深入用户心中，长安汽车官方也联合多个汽车类"达人"和自媒体带"国民出行精品车"话题发布测评视频或营销软文，这也使得品牌定性逐渐成功。

其 Slogan 性质的话题"出行升级，我选 Lumin"贯穿始终，在直播发布会，"达人"

联合直播、汽车类自媒体的直播营销保持了统一，为品牌留下了统一印象。

除此之外，长安 Lumin 还围绕不同节点，结合不同情感元素的主题文案，发布了一些短视频、图文内容，进行持续宣传。如 5 月 20 日前后的"520 约会 Lumin"、"出行 look"，六一前后的"手把手教你有趣带娃""宝妈选车小心机"，端午节前后的"长安糯玉米""颜控选车看这里"等。这都使得长安 Lumin 的营销宣传不只局限在汽车本身，而是结合热点话题延伸到不同生活场景中，从而潜移默化地触达用户。

2. 批量直播营销造势

长安 Lumin 的此次营销虽然涉及了图文、短视频、直播等多种方式，但以直播营销为主。对于汽车类产品来说，图文类介绍和植入可能略微枯燥、晦涩难懂，而通过直播，企业能够在短时间内直接展示产品外观，讲解特点，还能直接跟用户形成互动，是一种更能直接吸引潜在用户的做法。

长安 Lumin 在 4—7 月，联合了多个平台、多家汽车类自媒体、多个账号，进行了不少于 100 场的直播。而发布会当天批量的、集中的大规模直播，更能造势，能快速吸引用户目光。图 7-6 所示为发布会当天的海报和参与直播的部分媒体直播平台。

图 7-6　发布会海报和媒体直播平台

3. 持续口碑营销带动自然销量

经过上市前的预热宣传和预售，以及上市时的批量宣传，长安 Lumin 积累了初步的热度和销量。但汽车行业需要依靠长期销量，光靠官方的新品营销宣传显然不能长远，口碑才是最重要的，口碑建立了，销量才能持续走高。

在长安 Lumin 上市后的半年中，长安汽车官方依然维持着稳定频率的营销，以短视频和图文内容为主，并联合汽车类自媒体账号，在微博、抖音、今日头条、小红书等平台持续宣传，形成口碑。这时的营销关键词多转向了性能讲解、测评、性价比、用后感受等，在多个汽车类"大号"的带动下，在同量级车中长安 Lumin 逐渐形成口碑。

与此同时，长安 Lumin 销量稳步上升，2022 年 12 月的月销量达到 13 757 台。

7.3 案例 3：舒肤佳——洗手吃饭

舒肤佳的"洗手吃饭"主题营销截至 2023 年已经连续 8 年了，每年都以温情短片激起用户的某种情感，其 2023 年春节的"洗手吃饭"主题营销有着较好的传播效果。

7.3.1 案例背景

舒肤佳是宝洁旗下的日用品牌，有几十年的品牌历史，其香皂、沐浴露、洗手液是主打产品，也深入了千家万户，有较高的品牌知名度。对于这类有一定知名度的品牌来说，营销就是要不断强化自身在用户心中的印象和好感，持续营销。

从 2015 年开始，舒肤佳就开始讲"洗手吃饭"的故事，以温情短片为主要形式，借助春节这一时间节点大力传播，持续多年。其中 2023 年的营销颇具特色，结合了多种营销形式，其营销过程如下。

春节前的半个月，舒肤佳抖音官方账号发布了以"洗手吃饭"为主题的短视频，视频长度为 2 分 36 秒，以温馨的剧情讲述了多个家庭子女回家吃饭的故事，引来较多网友点赞和转发，如图 7-7 所示。其微博、视频号、小红书等平台同步发布该则视频。

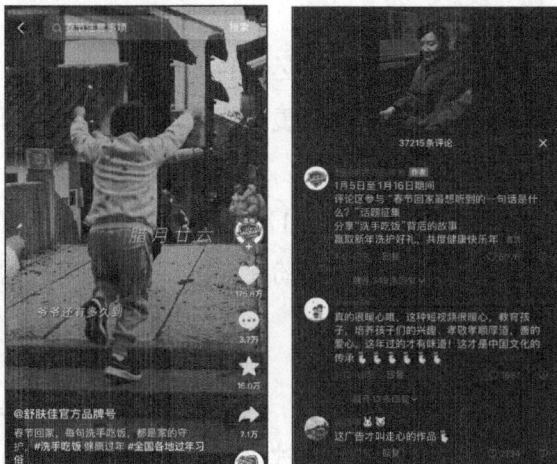

图 7-7 舒肤佳 2023 年"洗手吃饭"温情短片

紧接着，舒肤佳抖音官方账号连续 3 天发布短片视频，主题为"洗手吃饭"，短片中含有浓浓的过年回家的氛围。而且官方借助视频热度发起话题征集活动，激励用户参与评论"春节回家最想听到的一句话是什么？"，分享"洗手吃饭"背后的故事，送出新年洗护礼物，引来大量用户参与。

随后，舒肤佳还借助 10 多个腰部"达人"的力量展开剧情类短视频营销，带动了"洗手吃饭"的话题热度，"达人"视频最高点赞量超过 110 万。

春节前一周，舒肤佳联合某头部主播发布短视频，其主题也是"回家吃饭"，并宣传直播间的促销活动。

随后，舒肤佳联动中国高铁，在火车、高铁等车厢中展开"洗手吃饭"的广告宣传，使短视频覆盖用户过年回家的路途，并联合推出短视频，视频中舒肤佳玩偶在车厢中给乘客送出舒肤佳礼品。在视频评论区，用户纷纷评论"想要"。

7.3.2　案例分析

几乎每年春节，舒肤佳都会推出洗手吃饭系列广告，但是每年的形式和内容不一样，玩法也不一样。2023年年初的舒肤佳"洗手吃饭"系列营销，有较好的营销效果。

1. 短视频营销带动传播裂变

舒肤佳在抖音、快手、微博、小红书等平台布局了官方账号，其抖音平台上的3个认证账号粉丝总数超过160万。在主打账号"舒肤佳官方品牌号"中，其日常视频大多是温馨、感人风格的剧情类视频，并没有生硬地植入舒肤佳的产品，这也使得其日常短视频的数据远超同类账号，经常有"爆款"出现。

为了使品牌更加亲近用户，舒肤佳推出拟人化玩偶"小舒"——形状类似香皂，较为可爱。小舒也经常出现在短视频中，其话题视频"小舒的日常生活"有着300多万的播放量。

可以看出，舒肤佳的账号是有团队精心运营的，无论是在内容上还是在形式上。这些都为舒肤佳的账号积累了较多粉丝，账号权重也较高。而春节短片的呈现，将舒肤佳的账号数据和传播指数都推到了历史高点。

2023年的"洗手吃饭"视频，有超过170万用户点赞，超过16万用户收藏，更有超过7万用户转发，引发裂变传播。用户纷纷评论视频"立意好""被感动了""这广告才叫走心的作品"。

2. 情感营销淡化商业属性

这个时长超过两分钟的"洗手吃饭"短片，初看是回家过年的温情片，细看藏着品牌宣传。

在影片中，"手"作为一种重要的意象多次出现。稚嫩的手、布满皱纹的手、矫健有力的手握在一起的时候，代表着一个个在外的人到家了。"洗手吃饭"是一句国人很熟悉的话，这句简单的话却蕴含了多重亲情意义。

舒肤佳连续多年的"洗手吃饭"主题营销，糅合了节日、亲情、产品功能、品牌价值观等多种元素。视频从回家过年的生活化场景出发，以亲情、团圆、回家、健康等为元素，串起了用户对回家过年的向往，唤醒和激发了用户的情感需求和心灵上的共鸣，寓情感于营销之中，淡化了商业属性。

3. IP营销促进品牌曝光

除了官方账号的短视频营销，舒肤佳还在春节前联合多个"达人"账号以剧情植入的形式宣传"回家吃饭"的理念。剧情中的软植入使品牌得到了大量曝光，"回家吃饭"的系列视频话题播放量超过 4 亿，品牌达到了一定的"出圈"效果。

7.4 案例 4：vivo——黑猫动画

一个手机类产品的广告片中没有人物，却能够带来比真人更好的传播效果。国产品牌手机 vivo 在 2022 年 8 月推出的新品手机 X80 和 2023 年 2 月推出的 X90 系列，以动画短片的形式形成前后系列，创造了新媒体营销的另一种打开方式。

7.4.1 案例背景

vivo 是国产手机知名品牌。2022 年 vivo 推出新品手机 X80，产品主打夜视仪功能，即以"夜摄"功能为卖点，使用户即使在漆黑的晚上也能拍出清晰的照片。

1. 黑猫的烦恼

为了传达这一功能，vivo 于 2022 年 8 月推出《黑猫的烦恼》主题动画短视频。

故事梗概为：一对结婚十年的猫咪夫妇——黑猫和白猫，它们每年在结婚纪念日都要拍摄一张照片作为留念，但是近几年"太阳消失，'喵星人'陷入黑暗"，因此结婚纪念日的照片上再也看不见黑猫了，从此照片上只剩白猫。为此，黑猫想尽办法，包括收集萤火虫、身上绑上荧光棒，但拍照效果都不理想。就在此时，黑猫收到了 vivo X80Pro 手机，于是利用该款手机拍出了黑夜下清晰的合照。黑猫、白猫相拥，为十周年画上圆满的句号。《黑猫的烦恼》视频截图如图 7-8 所示。

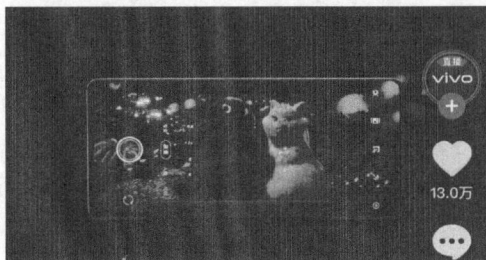

图 7-8 《黑猫的烦恼》视频截图

该视频在 vivo 官方的抖音账号、微博账号、B 站账号同步发布，官方数据显示，动画视频全网曝光量破亿，总播放量超过 2 500 万次，产品话题讨论度比竞品高达 75%。很多用户纷纷评论"真的是一支很暖心的广告片""太喜欢了"。

2. 黑猫的谢幕演出

《黑猫的烦恼》获得成功后，vivo 在 2023 年推出 X90 手机，并继续了黑猫系列的动画风格，以"黑猫的谢幕演出"为主题，宣传 X90 的"夜摄"功能。

《黑猫的谢幕演出》继续了《黑猫的烦恼》的故事，同样以黑猫、白猫为故事主人公。视频记录了黑猫数十年如一日躲在灯光后甘当"工具人"的落寞一面，然而演出结束后，黑猫在舞台上声情并茂的表演都被妻子白猫用 vivo X90 手机清晰地记录下来。

该视频于 2 月 14 日推出，在抖音、微博、B 站等多个平台发布，数据比《黑猫的烦恼》更好，仅 B 站就有 465 万的播放量。该短片在传递 vivo 夜摄功能的同时，也贴合了"爱，让我的眼里都是你"的恋爱主题。

7.4.2 案例分析

vivo 的两次黑猫营销，延续了动画故事和风格，扩大了曝光量，强化了手机的夜摄功能，是较为成功的营销。

1. 内容营销：具象化故事传递产品功能

内容在新媒体时代非常重要，好的内容能够为营销加分。vivo 的黑猫系列就在内容上有亮眼表现，主要体现在两点。

一是故事感人，画面制作精良，网友纷纷评论"堪比动画电影"。vivo 的黑猫系列视频是让某知名动画公司为其制作的，其视频质量和动画质感完全不输实拍场景，且带着一种温馨和逼真的感觉。

二是故事融合产品软植入，激发用户共鸣。通过黑猫来体现手机的夜摄功能，通过温馨治愈的剧情，融合产品硬实力的软展现，能够激发用户的情感共鸣，实现产品功能的宣传目的。

2. 宠物经济：萌宠IP加强情感关联

所谓宠物经济，是指围绕宠物产生的一系列生产、销售和服务等商业活动。短视频、社交媒体的迅速发展，带动了宠物经济的快速崛起。

在抖音、快手、小红书等平台上，宠物类视频很受欢迎，而宠物类视频也经常有较高的点赞量，容易成为"爆款"。

注重用户和宠物之间的情感关联，成为品牌吸引用户、提升品牌好感度的手段之一。vivo 的黑猫系列营销，借助猫咪这一萌宠 IP，加上动画效果逼真，因此可获得用户好感，吸引关注。而短片中传达的爱情故事也容易击中用户内心，加强情感关联。

3. 借势营销：借助节日势头

vivo 的 X80 系列动画短片《黑猫的烦恼》在 8 月 17 日，即"国际黑猫日"推出，巧妙地借势这一节点。而短片中的故事，也巧妙地对应了关注黑猫这一主题。

vivo 的 X90 系列动画短片《黑猫的谢幕演出》在 2 月 14 日这一天推出，以"爱，让我的眼里都是你"为主题进行借势营销，因而也取得了较好的传播数据。

课后习题

你今年看到过印象比较深刻的品牌营销案例吗？是哪个品牌的产品？请详细分析一下。

PART 08

第八章
新媒体岗位及能力需求

学习目标

➤ 了解新媒体运营的主要工作。

➤ 了解新媒体运营人才需要提升的能力。

➤ 了解如何用新媒体打造个人品牌。

素养目标

➤ 专业、敬业，做好本职工作，成为遵纪守法的好公民。

➤ 在自己的岗位上不断提升工作能力，提升自我，不断发扬奋斗精神和创造精神，持续进步。

越来越多的企业开始招聘"新媒体运营专员"岗位人才，但在很多人的认知中，新媒体运营主要是以企业名义发微博、准备微信公众号文章、开展一些抽奖活动，然后转发扩散至朋友圈、微信群。那么新媒体运营到底要做些什么呢？

现在正在做或者想做新媒体运营的人很多，新媒体运营到底有没有前途？这个岗位的具体工作内容是什么？需要积累哪些方面的能力？通过本章的学习，相信大家能够找到答案。

8.1　新媒体运营的主要工作

以下是某公司招聘的"新媒体运营专员"的岗位要求。

工作内容：

✔　公司的抖音、微博、微信、小红书等平台的账号运营，包括账号维护、"涨粉"和引流等。

✔　参与公司微博、微信公众号的内容运营、头条文章撰写、品牌推广文案撰写等。

✔　贡献关于内容营销的创意和想法，不局限于微信公众号平台。

能力要求：

✔　出色的文笔，喜欢写作，能在短时间内独立完成原创文章写作或编译工作（投简历时可以附上一篇自己满意的作品）。

✔　社交媒体深度用户，熟悉抖音、快手、小红书、B站、微博、微信、知乎、豆瓣等平台操作，对热点敏感。

✔　最好有微信公众号运营经验。

✔　专业不限，新闻广告类专业及有广告公司实习经验者优先考虑。

通过上述招聘要求可以发现，新媒体运营不是简单的分发内容，是一项综合性工作，从业者需要有多方面的能力，要懂关于产品、内容、策划、宣传、公关、广告的知识。其工作内容一般包括以下几个方面。

8.1.1　理解产品

脱离产品的新媒体运营是没有意义的。

新媒体运营要以终为始，最终目的要回到品牌变现上来。脱离产品的新媒体运营一段时间内可能能有用户点赞、转发或评论，但对内容传播或产品销售没有促进作用，最终将难以持续。

新媒体运营要先熟悉自家的产品，分析产品最吸引用户的点在哪里，再思考目标用户的行为模式特点，不同类型的用户在使用产品过程中会经历哪些场景、遇到哪些问题、产生哪些需求等，这样才能写出激发用户购买欲望或者传播欲望的新媒体文案。

8.1.2　积累"网感"

日常生活中，总有人能先发现网络热点话题、先使用网络热点词汇、先发现网络热门表情包，这类人就可以称其"网感"强。

"网感"其实是要求新媒体运营者具备能够快速抓住网络流行热点创造内容的能力。这种能力是基于长期对网络话题的数据分析、优质内容的信息搜集等积累形成的。

把握网络趋势很关键，新媒体运营者需要根据热点或新闻很快做出反应，而且还要做到和品牌的调性相匹配。这就需要新媒体运营者在了解产品和用户的基础上具备良好的"网感"。

8.1.3 整合资源

新媒体运营不是简单地写几个好文案，而是要将好文案进行有效传播。一个好文案要得到扩散，关键是要找到网络上能扩散有关内容的关键资源和渠道。并不是什么文章都可以成为"爆款"的。

这就要求新媒体运营者有超强的整合能力，不仅是整合网络上各种文案素材，更重要的是整合网络上各种有利于品牌传播的优质资源，建立互利互惠的长期合作关系。

如今，新媒体资源包括以下几点。

● 垂类"网红达人"及 KOL、KOC 资源。这些资源有助于企业在新品营销等关键节点快速打开市场。

● 不同新媒体平台的官方对接资源。这些资源一方面有助于增强企业、品牌和官方的联系，另一方面有助于促进合作。

● 直播渠道资源和供应商资源。这些资源可以将品牌新品送上头部、腰部主播的直播间，为企业在短时间内带来高度曝光和大量销量。

8.1.4 内容策划

抖音上怎样做好引流？微博上怎样才能"吸粉"？微信上用哪种方式能够"引爆"朋友圈？设计哪种页面能让更多人点击？加入哪些社群能找到目标用户？

新媒体运营的形式一直在变，但策划内容、活动的基本框架却是不变的。

如何找到吸引人的传播点？如何设计好的传播形式，找到传播内容的"引爆"点和传播资源？不管是哪种新媒体，新媒体运营者都需要理解内容策划的方法。

8.2 新媒体人才的能力提升

从市场需求角度来看，新媒体运营者除了要掌握基础理论外，至少要提升以下五方面的能力。

8.2.1 内容策划能力

用户在接触企业产品之前，会接触企业的公众号文章、海报、短视频、直播等。因此，新媒体运营者需要持续提升内容策划能力。提升该项能力的途径如下。

- 学习新媒体文案策划，掌握卖点挖掘、文案创作及内容传播的方法。
- 学习短视频内容策划，掌握一定的选题设计、脚本撰写等能力。
- 学习直播内容策划，包括直播脚本设计、直播话术设计等。
- 学习软文营销策划，掌握软文设计、软文投放及效果评估的技巧。
- 学习写作平台策划，掌握今日头条、知乎、豆瓣等平台的内容策划规律。

需要特别强调的是，现阶段各大新媒体平台一般都具有电商功能，用户在阅读内容时可以直接购买产品。因此，新媒体运营者除了需要提升内容策划能力外，还需要学习内容转化技巧，并提升企业内容电商的业绩水平。

8.2.2 工具应用能力

新媒体运营者未必是专业的设计师或程序员，但必须知道如何快速找到适合的新媒体工具、如何借助工具提升工作效率。

例如，当新媒体运营者需要设计一张活动海报时，即使没有设计功底，也可以通过"创客贴"网站或"稿定设计"网站、PPT 工具等制作一张海报。

为了提升工具应用能力，新媒体运营者需要持续加深对以下工具（见表 8-1）的熟练程度。

表 8-1 新媒体运营者需要掌握的工具

能力	工具	应用平台
图片处理	PS、美图秀秀	几乎所有新媒体平台
海报制作	创客贴、稿定设计、PPT	微信公众号、小红书、微博等
图文排版	135 编辑器、秀米、壹伴、PPT	微信公众号、小红书
视频处理	剪映、Premiere、Final Cut	抖音、快手、B 站、视频号等
表单处理	微盟表单、金数据、Excel	社群、网页、微博等
H5 制作	秀米、易企秀、iH5、MAKA	微信公众号、微信朋友圈、社群
社群运营	企业微信、微伴助手、活动抽奖	微信社群、视频号
数据获取	新榜、清博大数据、飞瓜数据	几乎所有新媒体平台

8.2.3 运营统筹能力

新媒体运营是一项系统化的工作，需要新媒体运营者做好策划、执行、反馈等一系列工作。新媒体行业新人需要针对以下几个模块，学习与实践相应的营销与运营知识。

- 学习微信营销与运营，掌握个人号形象设计、朋友圈营销、微信公众号运营等技巧。
- 学习微博营销与运营，掌握微博发布、微博推广及矩阵打造等方法。
- 学习社群营销与运营，掌握团队搭建、日常运营、社群激活等具体技巧。

● 学习短视频营销与运营，掌握抖音、快手、视频号、小红书、B 站等平台的"涨粉"、"引流"、"带货"、投放推广等具体技巧。

● 学习直播营销与运营，掌握直播策划、直播流程设计、直播把关、直播复盘等方面的能力与技巧。

● 学习活动策划与运营，配合企业营销宣传需求，有效通过活动策划扩大线上曝光量，吸引潜在用户。

● 学习产品策划与运营，如为企业策划专属小程序、线上商城等，与开发团队充分配合，确保企业产品得到更多渠道的曝光和销售。

8.2.4　数据分析能力

与传统的营销方式不同，新媒体营销往往很容易获得较为精确的数据，如短视频的完播率、转化率，页面访问量，文章转化率，用户浏览时长，网页跳出率等。

新媒体运营者必须持续提升数据分析能力，包括自媒体数据分析、活动数据分析、网站数据分析等。提升该项能力的途径包括但不限于以下方面。

● 掌握数据分析工具。掌握流行的数据分析工具，例如 Excel、Google Analytics、Python[1] 等。这些工具可以帮助新媒体运营者收集、处理和分析数据，并生成可视化报告。

● 学会提问和探索数据。培养提问的习惯，不仅要关注数据结果，还要深入探索数据背后的原因。学会使用适当的数据视图来发现潜在的趋势、模式和异常。

● 实践数据分析。尝试应用所学到的知识和工具来解决实际的业务问题，例如分析用户行为、调查用户满意度、优化社交媒体广告效果等。

8.2.5　热点跟进能力

新媒体运营者需要提高对网络的敏感度，了解互联网文化并懂得一些传播理论，在发生热点事件时及时地跟踪并且做出反应。

新媒体运营者需要及时了解互联网动态，关注热点事件的演化，分析其背后的传播规律。提升热点跟进能力的途径包括但不限于以下方面。

● 关注新媒体营销的最新案例，对近期火热的案例进行分析并取长补短。

● 时刻关注微博热搜榜，查看当前热门信息。

● 关注抖音、快手、视频号等平台榜单，了解平台热门话题和事件。

● 关注百度热搜、今日头条热搜、知乎热搜等，了解用户近日较为关心的问题。

1　Python：一种面向对象的解释型计算机程序设计语言，由荷兰人吉多·范·罗苏姆（Guido van Rossum）于 1989 年发明。Python 通常应用于各种领域，是一种通用语言，无论是网站、游戏开发、机器人、人工智能、大数据、云计算，还是一些航天飞机的控制，都会用到 Python。

8.3 打造个人品牌，用新媒体营销自己

传统的个人品牌打造方式包括书籍出版、电视采访、新闻报道等，对多数人而言难度极大。不过，在"人人都是自媒体"的新媒体时代，打造个人品牌的难度大大降低，每个人都可以通过自己的新媒体平台账号发表观点，并获取关注，赢得一定知名度。

打造个人品牌，需要新媒体运营者做好以下四个步骤。

8.3.1 策划细分定位

在打造个人品牌时，新媒体运营者必须寻找更加聚焦、更具有差异化的定位。常见的细分化定位包括以下方面。

● 根据位置细分，如打造"北京传媒达人""湖北新媒体"等个人品牌。

● 根据能力细分，如打造标签为"懂设计的运营人""×哥说媒体"等个人品牌。

● 根据行业细分，如打造标签为"餐饮运营达人""××说房"等个人品牌。

● 根据兴趣细分，如打造标签为"爱瑜伽的新媒体人""新媒体美食达人"等个人品牌。

8.3.2 制定运营规划

与打造企业新媒体品牌相似，个人品牌在开始打造前也需要做好全局规划，使后续运营有条不紊。全局规划包括三部分。

● 首先需要做好形象规划，设计头像、简介、欢迎词及引导关注等。

● 其次需要进行内容选题规划，设计后续主题内容方向和视频风格。

● 最后需要进行品牌推广规划，列出个人品牌推广的主要平台及账号。

8.3.3 输出品牌内容

用户对品牌的认知是建立在长期交流的基础上的，而在新媒体平台上，新媒体运营者与用户的交流基础就是品牌内容。在观看或阅读某个账号的多篇"行业干货""热点解读""案例剖析"等视频或文章后，用户才开始逐渐认同账号所有者，此时个人品牌才算初步建立。

因此在这一步，新媒体运营者需要按照第二步制定好的运营规划，稳定地输出个人品牌内容。

8.3.4 尝试运营升级

完成前三个步骤后，个人品牌起步工作才算完成。若想持续提升个人品牌知名度，新

媒体运营者需要进行运营升级。

一方面，挖掘更多账号资源并尝试进行推广合作。例如，本书作者秋叶大叔就长期在网易云课堂、腾讯课堂等平台进行课程曝光。

另一方面，寻找行业内的优秀个人品牌账号，研究其选题规划、推广方法、形象设计等要素并作为参考。

课后
习题

1 如果你想打造个人品牌，你想从哪个赛道和平台入手，为什么？

2 如果你想从事新媒体运营的工作，你认为你最需要提升哪方面的能力？